ज़िक्रे यार चले

love notes

पल्लवी त्रिवेदी

ज़िक्रे यार चले

love notes

सार्थक
राजकमल प्रकाशन का उपक्रम

ISBN : 978-93-6086-553-5

मूल्य : ₹250

पहला संस्करण : 2024

स राजकमल प्रकाशन का उपक्रम
सार्थक

प्रकाशक
राजकमल प्रकाशन प्रा. लि.
1-बी, नेताजी सुभाष मार्ग, दरियागंज
नई दिल्ली-110 002

शाखाएँ
अशोक राजपथ, साइंस कॉलेज के सामने, पटना-800 006
पहली मंजिल, दरबारी बिल्डिंग, महात्मा गांधी मार्ग, प्रयागराज-211 001
1, अनमोल सोराबजी सन्तुक लेन, धोबी तलाव, मरीन लाइंस, मुम्बई-400 002
वेबसाइट : www.rajkamalprakashan.com
ई-मेल : info@rajkamalprakashan.com

मुद्रक
विकास कंप्यूटर एंड प्रिंटर्स
ट्रॉनिका सिटी-201 102

ZIKRE YAAR CHALE
Love Notes by Pallavi Trivedi

बेहद प्यारे दोस्त दीपक आचार्य के लिए
जिसने जंगलों को प्यार किया,
पेड़ों को गले लगाया
और अब अपनी देह से जुदा हुआ तो
पत्ते-पत्ते में समा गया...

क्रम

ज़िक्र यार चले

love notes

पल्लवी त्रिवेदी

ज़िक्रे यार चले

love notes

सार्थक
राजकमल प्रकाशन का उपक्रम

ISBN : 978-93-6086-553-5

मूल्य : ₹250

पहला संस्करण : 2024

सार्थक राजकमल प्रकाशन का उपक्रम

प्रकाशक

राजकमल प्रकाशन प्रा. लि.
1-बी, नेताजी सुभाष मार्ग, दरियागंज
नई दिल्ली-110 002

शाखाएँ

अशोक राजपथ, साइंस कॉलेज के सामने, पटना-800 006
पहली मंजिल, दरबारी बिल्डिंग, महात्मा गांधी मार्ग, प्रयागराज-211 001
1, अनमोल सोराबजी सन्तुक लेन, धोबी तलाव, मरीन लाइंस, मुम्बई-400 002
वेबसाइट : www.rajkamalprakashan.com
ई-मेल : info@rajkamalprakashan.com

मुद्रक

विकास कंप्यूटर एंड प्रिंटर्स
ट्रॉनिका सिटी-201 102

ZIKRE YAAR CHALE
Love Notes by Pallavi Trivedi

बेहद प्यारे दोस्त दीपक आचार्य के लिए
जिसने जंगलों को प्यार किया,
पेड़ों को गले लगाया
और अब अपनी देह से जुदा हुआ तो
पत्ते-पत्ते में समा गया...

क्रम

हर दिल के नाज़ुक कोने में इक दीवाना रहता है

प्यार क्या है? यह मिलने का नाम है या बिछड़ जाने का? इसमें अथाह सुख है या असह्य दुख? यह त्याग है या पाने की इच्छा? यह एक बार होता है या कई बार? यह दुर्लभ है या आसानी से मिल जाने वाला? यह कभी ख़त्म होता है या आख़िरी साँस तक दिल में बसा रहता है?

वो कौन प्रेमी थे जिन्होंने प्रेम के लिए मृत्यु तक को चुन लिया? वो कौन प्रेमी थे जिन्होंने प्रेमी को त्याग ज़िन्दगी को चुना? वो कौन प्रेमी थे जिनकी सारी ज़िन्दगी पर प्रेम का एक पल भारी पड़ गया? वो कौन प्रेमी थे जिन्होंने प्रेम में पहाड़ काट दिए, तपते सहरा में अपने पैर झुलसा लिए? वो कौन प्रेमी थे जिन्होंने प्रेम में विश्व की सबसे ख़ूबसूरत कविताएँ और कहानियाँ लिखीं? क्या सभी प्रेम कथाएँ एक जैसी होती हैं? क्या सभी प्रेम कथाओं में प्रेम जीतता है? क्या सभी प्रेमी प्रेम में एक जैसा व्यवहार करते हैं?

जब प्रेम की बात चलती है तो जाने कितने प्रश्न ज़ेहन में आते हैं। प्रेम का एहसास एक जैसा होते हुए भी प्रेम का न कोई एक रंग होता

है और न एक रूप। दुनिया में जाने कितने तरह के प्रेमी हैं और जाने कितनी तरह की उनकी कहानियाँ। चाहे लैला-मजनूँ हों, हीर-रांझा, सोहनी-महिवाल या चाहे पड़ोस के घर की रिंकी या पिंटू। चाहे हम सारे लोग जिन्होंने कभी न कभी प्रेम किया ही है। किसी ने जीवन में मात्र एक बार प्रेम किया तो किसी ने दसियों बार उसी शिद्दत से प्रेम किया।

हर प्रेम कथा की शुरुआत अलग, मध्य अलग और अन्त भी अलग। हर कथा आम नज़र आती हुई भी सबसे अनूठी।

कहीं वह प्रेम है जो कभी कहा नहीं गया। कहीं वह प्रेम है जो हज़ार तरीक़ों से बयान किया गया। कहीं प्रेम में रूठना है, कहीं ग़ुस्सा, कहीं शिकायतें, कहीं पछतावा, कहीं ईर्ष्या, कहीं समर्पण, कहीं आँसू, कहीं खिलखिलाहटें। कहीं रोज़ प्रेमी के चुम्बन से सूरज उगता है तो कहीं विरह में जागती अनगिनत रातें हैं। प्रेम ऐसे भी जिया गया जिसकी दुनिया में कोई मिसाल नहीं और ऐसे भी कि हर तीसरी कहानी एक दूसरे की ज़ेरॉक्स निकले।

कुछ लव नोट्स में पाठकों का कहना हुआ कि सचमुच में ऐसे भी कहीं प्रेम होता है क्या? ऐसा प्रेम तो सिर्फ़ कल्पनाओं में ही हो सकता है। मेरा पूरा भरोसा है कि दुनिया की जितनी काल्पनिक प्रेम कथाएँ हैं, वह इस पृथ्वी पर किसी एक का तो सच होंगी ही। अगर वर्तमान में वह कथा नहीं भी घट रही है तो अतीत या भविष्य का सच वह यक़ीनन है।

कौन यक़ीन करेगा कि इंसानी प्रेम के अनगिनत क़िस्सों से भरी दुनिया में क्रोएशिया के किसी गाँव में दो सारसों की ऐसी प्रेमकथा भी हुई जो किसी रोमियो-जूलियट से कम नहीं। 20 बरस तक लगातार एक सारस क्लेपटन किसी शिकारी की गोली से घायल, उड़ने से लाचार अपनी प्रेमिका मलेना से मिलने हज़ारों मील का सफ़र तय कर हर बसंत के मौसम में उसके पास आता रहा। 2021 में मलेना क्लेपटन को छोड़कर इस दुनिया से विदा हो गई। एक दिन क्लेपटन भी नहीं होगा लेकिन उनकी अद्भुत प्रेमकथा हमेशा-हमेशा ज़िन्दा रहेगी। इंसानी प्रेम

की कथाएँ तो सदियों से सुनी और सुनाई जाती रही हैं लेकिन मनुष्यों से परे भी जीव-जगत में ऐसे कितने ही प्रेमी हृदय हैं जिनकी कथा किसी पन्ने पर दर्ज नहीं हुई।

प्रेम में कुछ भी असम्भव नहीं। बल्कि सबसे असम्भव तरीक़े से जिये गए प्रेम को तो शायद अब तक कथाओं में उतारा भी नहीं जा सका है। लेकिन कोई दीवाना कभी न कभी ज़रूर आएगा और इन प्रेम-कथाओं को भी शब्द देगा। मगर तब तक कुछ और नई कथाएँ जन्म ले चुकी होंगी। इस तरह धरती पर प्रेम को जीने वाले और प्रेम को कहने वाले कभी कम न होंगे।

मेरी ख़ुशक़िस्मती कि इनमें से कुछ कथाओं के कुछ लम्हों को बयान करना मेरे हिस्से आया है और इश्क़ के कुछ रंग इन 'लव नोट्स' के रूप में इस किताब में छिटक पड़े हैं। ये सारे नोट्स कोई मुकम्मल प्रेम-कथाएँ नहीं हैं। ये उन लम्हों की दास्तानें हैं जिन लम्हों में किसी प्रेमिल मन में प्रेम ने अपना घरौंदा बनाया। इन घरौंदों की शक्ल-ओ-सूरत हर घर की तरह एक दूसरे से जुदा ज़रूर है लेकिन हर घर के बाहर नेमप्लेट प्यार की ही सजी हुई है।

मुझे पूरा यक़ीन है कि आदम और हव्वा के इश्क़ के क़िस्से से शुरू हुई इस दुनिया का आख़िरी क़िस्सा भी दो आशिकों की मुहब्बत का ही होगा।

अपनी बात के अन्त में मैं उन सभी उम्दा शायरों और कवियों का शुक्रिया अदा करती हूँ जिनकी पंक्तियाँ अगर इस किताब और इन कथाओं का शीर्षक न होतीं तो यह किताब इतनी ख़ूबसूरत हरगिज़ न बन पाती।

—पल्लवी त्रिवेदी

ओ हंसिनी...कहाँ उड़ चली

लड़की अठारह बरस की हुई थी पिछले महीने। लड़की अपनी दादी को बेहद प्यार करती थी और अपने स्कूल की सारी बातें उनको आकर बताया करती थी। दादी बहुत प्यारी थीं। साँवले चेहरे पर अनगिन झुर्रियों के बीच जब दादी आँखें मींच खिलखिलातीं तो लगता मानो बादलों से ढके समन्दर में देर रात चाँदनी खिल आई हो। हमेशा हँसती-खिलखिलाती दादी लड़की की सारी सहेलियों की भी दोस्त थीं। लड़की को पिछले पाँच महीनों से कोई अच्छा लगने लगा था। एक दिन दादी ने बेवजह लड़की को मुस्कराते देखा और ख़ुद भी मुस्करा उठी थीं। वे जान गई थीं कि उनकी पोती अपने जीवन के सबसे सुन्दर दौर की स्मृतियाँ बुन रही है।

दादाजी को गुज़रे कई साल हो गए थे। दादा-दादी ने साथ में बहुत अच्छा जीवन जिया था इसलिए दादाजी का ज़िक्र आते ही दादी की आँखों में एक चमक आ जाया करती थी और होंठों पर अनगिनत क़िस्से। दादाजी को याद करके दादी को रोते या उदास होते लड़की ने कभी नहीं देखा था। लड़की हमेशा सोचती कि पुरानी पीढ़ी के लोग बिना प्रेम किये सीधे शादी करते थे और एक रूटीन-सा जीवन जीते थे

इसलिए शायद ये रोमांटिक नहीं होते होंगे और उनके प्रेम में वो तड़प और तीव्रता नहीं होती होगी।

और फिर...दादी का जन्मदिन था उस दिन। दादी अपने जन्मदिन के दिन ख़ूब ख़ुश रहती थीं। पूरा घर उनकी ख़ुशी से उत्साहित रहता। सब दादी को गिफ़्ट्स देते, केक काटते और अच्छा खाना खाते। उस दिन दादी जल्दी सोने चली जातीं। सब यही सोचते कि शायद दिनभर सबसे मिलते-जुलते रहने और शोर-शराबे के कारण दादी थक जाती होंगी, इसलिए आराम करना चाहती होंगी।

लेकिन उस दिन लड़की दादी से ढेर सारी बातें करना चाहती थी। वो दादी को लड़के के बारे में बताना चाहती थी। लड़की ने दादी के साथ सोने की ज़िद की। दादी ने कुछ देर सोचा, फिर उसे अपने साथ सोने की इजाज़त दे दी।

वो रात लड़की कभी नहीं भूल पाई। उस चाँदनी रात के चन्द घंटों ने लड़की को न जाने क्या-क्या दे दिया जो जीवन भर के लिए उसकी स्मृति के सबसे चमकीले पन्ने बन गए। उस रात लड़की दादी के मन के सबसे भीतरी कोने में झाँक आई थी।

दादी और वह जल्दी ही कमरे में चली गई थीं। दादी ने कमरे को अन्दर से लॉक कर लिया था और लजाते हुए बताया था कि उनके हर जन्मदिन पर दादाजी उन्हें अपने हाथों से सजाते थे। हर जन्मदिन पर दादी के लिए अपनी पसन्द की साड़ी लेकर आते थे और अपने हाथों से बड़े प्यार से पहनाते थे। बताते-बताते दादी की आँखों में पानी तैर आया था। लड़की हैरत से दादी को देख रही थी। दादी ने फिर सन्दूक़ में से पर्पल कलर की एक ख़ूबसूरत साड़ी निकाली।

"यह साड़ी तेरे दादाजी का आख़िरी तोहफ़ा है।" दादी ने साड़ी को बड़ी मुहब्बत से सहलाते हुए सीने से लगा लिया।

और अब दादी एक बार फिर दादाजी के लिए तैयार हो रही थीं। पोती अपनी दादी को उनके प्रेमी की फेवरिट साड़ी पहना रही थी। उस

पर्पल कलर की सितारों जड़ी साड़ी में दादी बहुत ख़ूबसूरत लग रही थीं, ठीक किसी अल्हड़ किशोरी की तरह। उनकी आँखों में उत्साह, प्रेम और स्मृतियों का पानी एक साथ छलक रहा था। लड़की ने दादी का ये रूप पहली बार देखा था। दादी की आँखें कहीं गहरे डूबी हुई थीं। वे एक ज़माना पार कर पीछे लौट रही थीं। वो हर साल अकेले अतीत का ये सफ़र तय करती थीं। अपने सबसे निजी लम्हों में प्रवेश की इजाज़त उन्होंने कभी किसी को नहीं दी थी। हर साल अपना जन्मदिन दादाजी के साथ मनाती थीं। इस बार उनकी पोती इस सफ़र की साक्षी बनी थी। लड़की ने दादी का हल्का-सा मेकअप किया और एक लाल बिंदी माथे पर लगाई। दादी ने अपना रूप आईने में देखा और किसी नई दुल्हन-सी लजा गईं। फिर दादी ने अपनी टेबल की दराज़ में से एक पुराना कैसेट निकाला और लड़की से उसे टेप रिकॉर्डर में लगाने को कहा। अगले ही पल एक सुरीली मर्दाना आवाज़ में गाना बज उठा—

ओ हंसिनी...कहाँ उड़ चली...

ये किस सिंगर का गाया हुआ है दादी? बहुत अलग आवाज़ है। लड़की ने पूछा।

"ये तेरे दादाजी की आवाज़ है। मेरे लिए हमेशा वो यही गाना गाया करते थे।" कहते-कहते दादी की आँखें तरल हो गईं। लड़की भी दादाजी की आवाज़ सुनकर भावुक हो गई और दादी को गले लगा लिया।

गाना बज रहा था। दादी की आँखें बन्द थीं। वो एकदम ख़ामोश बैठी थीं। पर चेहरे पर एक दिपदिपाती आभा थी। वही आभा जिसे लड़की हाल ही में पहचानने लगी थी। गहरे प्रेम की झिलमिल आभा—

आजा मेरी साँसों में महक रहा रे तेरा गजरा...

गीत सुनते हुए दादी के होंठ रह-रहकर लरज उठते थे। जैसे वो दादाजी की बाँहों में हैं और साथ गुनगुना रही हैं। सचमुच ही वो दादाजी

के साथ थीं। हर किसी के जीवन में एक सबसे ख़ास गीत होता है जो उसके सबसे ख़ूबसूरत दिनों की स्मृति बन जाता है। वह गीत दादा-दादी ने सिर्फ़ गाया और सुना नहीं था बल्कि जिया था। और दादी अब उसे फिर से जी रही थीं। अकेले नहीं, दादाजी के साथ। उनकी प्रेमिल आवाज़ का हाथ थामे।

पोती इन जादुई लम्हों की गवाह बनी चुपचाप बैठी दादी को निहार रही थी। आँखें उसकी भी भरी हुई थीं इस अद्भुत प्रेम कहानी को देखकर। गाना ख़त्म होते ही दादी ने आँखें खोलीं। पनीली आँखों के साथ मुस्कराते होंठ। दादी इस वक़्त दुनिया की सबसे ख़ूबसूरत औरत लग रही थीं।

दादी पोती को अपने प्रेम के बारे में बता रही थीं। लड़की यह जानकर हैरान थी कि दादी और दादा ने प्रेम विवाह किया था और दादा हर ख़ास मौक़े पर दादी के लिए एक नज़्म लिखते रहे थे और दादी के जीवन का एक भी दिन ऐसा नहीं था जिस दिन वो दादाजी को चूमे बग़ैर सोयी हों। दादी ने एक और छोटा-सा सन्दूक़ खोला जिसमें से काग़ज़ों के ढेर निकालकर फ़र्श पर फैला दिये। नज़्में ही नज़्में बिखरी थीं और उनसे मुहब्बत ही मुहब्बत छलककर बह रही थी।

फिर दादी ने लड़की की ठोड़ी उठाकर पूछा था, "तेरे वाले का क्या नाम है?"

"क्या दादी...तुम भी...," लड़की लजाकर दादी के गले लग गई थी।

उस रोज़ सारी रात प्रेम में डूबी दो लड़कियाँ जागती रही थीं और अपने-अपने प्रेमियों की बातें एक-दूसरे को बताती रही थीं। सुबह तक दोनों एक-दूसरे की सबसे पक्की सहेली और राज़दार बन गई थीं।

छत पे आ जाते थे कपड़ों का बहाना कर के

वह अस्सी का दशक था। लड़का बारहवीं में पढ़ता था और लड़की ग्यारहवीं में।

उस वक़्त मोहल्लों में प्यार की जाने कितनी सारी कहानियाँ घर की छतों से शुरू हुआ करती थीं।

ढाई फ़ीट की एक छोटी-सी बाउंड्री वॉल से जुड़ी हुई छतें, आठ फ़ीट की रोड के दोनों ओर टँगी छतें, सुबह-शाम की ताज़ा ठंडी हवा में इश्क़ से महकती छतें, सर्दियों की दोपहरी में किताबों के पीछे से आँखों-आँखों में बातें करती छतें, गर्मियों की रातों में, साफ़ आसमान में सितारों के नीचे छुप-छुप कर एक-दूसरे को ताकती छतें। पतंगों के साथ दिल के भी पेच लड़ाती छतें।

आज मोबाइल और इंटरनेट के युग में मुहब्बतें आसान हो गई हैं। लेकिन अस्सी के दौर में छतों की मुहब्बतों में आसानी भले न थी, रोमांच भरपूर था। ये वो दौर था जब बातें करना, मिलना इतना आसान न हुआ करता था। एक मुलाक़ात के पहले महीनों निगाहें आपस में बात किया करती थीं।

"मम्मी। पढ़ने जा रहे हैं छत पर," शाम होते ही सभी घरों के बच्चे सज-धज कर छत पर पहुँच जाते। मम्मी भी प्रसन्न होतीं कि 'कितनी चिन्ता है पढ़ाई की, टोकना नहीं पड़ता।'

लड़कियाँ रोज़ नये फ़ैशन के कपड़े पहनकर छत पर जाया करतीं... लड़के भी टिप-टॉप रहने में कोई कसर नहीं छोड़ते। हाथ में पानी की बोतल, कभी-कभी काँच के गिलास में रूहआफ़ज़ा भी छत पर घूम-घूम कर ही पिया जाता। किताब भी एक अतिरिक्त बोझ की तरह हाथ में झूलती रहती। जिनको बग़ल वाली या सामने वाली छत पर जीने की वजह मिल जाती वे अँधेरा होने तक एक-दूसरे को बस बिन कुछ कहे निहारा करते। जिनके नसीब में थोड़ा और इन्तज़ार बदा होता वे छतों पर घट रहीं प्रेम-कथाओं को सिलसिलेवार अपनी मेमोरी में दर्ज करते जाते जिससे अगले दिन दोस्तों पर अपनी क़िस्सागोई के झंडे गाड़ सकें। यूँ आधे लोग इश्क़ फ़रमाते...आधे आशिकों के मज़े लेते। कुल मिलाकर किताबें उसी पेज पर हवा खाकर वापस लौट आतीं।

अँधेरा होते ही नीचे से मम्मी की आवाज़ आने लगती, "चलो, नीचे आओ, नीचे बैठकर पढ़ो।"

"हाँ मम्मी, आते हैं। अभी तो दिख रहा है।"

और सच भी है, दूसरी छत का सब कुछ दिख रहा होता था। गोली मारो किताब में लिखे को...कमबख़्त कोर्स की किताब को कौन पूछे जब सामने मुहब्बत की किताब खुली हो। मुहब्बत की किताब का यही फ़ायदा है...इसके अक्षर पढ़ने के लिए उजाले का होना नितान्त ग़ैर-ज़रूरी है।

तो लड़का, लड़की की छत आमने-सामने थी। लड़की किसी और शहर में रहती थी लेकिन उसके पिता का ट्रांसफ़र आसाम के किसी शहर में हो जाने से वह अपने मामा के घर पढ़ने आ गई थी। यह छत लड़की के मामा की थी जिसकी ज़मीन पर प्रेम का फूल खिलना तय हुआ था। दोनों की निगाहें भी एक रोज़ छत पर टहलते-टहलते टकरा गईं और बस कर्रा एक्सीडेंट हो गया। अब लड़की रोज़ सुबह धुले कपड़े

फैलाने छत पर जाती, उसी वक़्त लड़का भी विटामिन डी के सेवन के लिए छत की मुँडेर पर बैठ जाता। उन्हीं दिनों नियमित रूप से सेकेंड डिवीजन में पास होने वाले लड़के की पढ़ाई में गहरी रुचि जाग गई। जो लड़का मम्मी की चार गालियों के बग़ैर किताबों को हाथ लगाना गुनाह समझता था, अब कंघी पट्टी करके रोज़ शाम छत पर किताब लेकर जाने लगा। न केवल पढ़ाई बल्कि छत को धोने, पौधों में पानी डालने और पापड़, बड़ी फैलाने जैसे कामों में भी लड़के की रुचि अचानक जाग गई थी। शाम को उधर सूरज डूब रहा होता, इधर दो दिल इश्क़ में डूब रहे होते। लड़की पढ़ने में अच्छी थी और वह नज़रें मिलने के पहले से छत पर पढ़ाई कर रही थी।

अब तक दोनों की औपचारिक पहचान नहीं हुई थी और न कभी आपस में कोई बात हुई थी। दोनों की नज़रें लेकिन एक-दूसरे की छत पर बे-रोक-टोक जातीं और आपस में ख़ूब बतियातीं। अब दोनों के बीच मुस्कराहट का भी आदान-प्रदान होने लगा था और इधर-उधर देखकर कभी-कभी लड़का फ़्लाइंग किस भी उछाल देता और उस दिन लड़की के चेहरे पर सूर्यास्त की लाली छा जाती। कभी लड़का पौधों में पानी देते हुए लड़की को गुलाब का फूल दिखा देता, कभी लड़की लड़के की ओर देखती हुई अपने पालतू कुत्ते को बाँहों में भींच लिया करती। ये छोटे-छोटे प्रेम सन्देश थे जिन्हें सिर्फ़ वे दोनों डीकोड कर पाते। जब लड़की छत पर न होती तो लड़का गाना गा उठता—

तुझे चाँद के बहाने देखूँ, तू छत पर आ जा गोरिए।

यह तान सुनते ही लड़की जैसी बैठी होती, वैसी ही भागकर छत पर पहुँच जाती। लड़की को जब लड़के को पुकारना होता तो उसका छोटा-सा टेप रिकॉर्डर काम आता जिसमें विजयता पंडित जंगल-जंगल भटकती हुई गा रही होती—

याद आ रही है, तेरी याद आ रही है...

लड़की की पहली मुलाक़ात लड़के से तब हुई जब वह दीवाली की मिठाई की क्रोशिये के रूमाल से ढकी थाली लेकर लड़के के घर देने पहुँची और इत्तफ़ाक़ से लड़के ने दरवाज़ा खोला और लड़की से थाली थामते हुए उँगलियों का उँगलियों से पहला स्पर्श हुआ। दिल का धड़कना, गुझिया की महक से साँसों का महकना, हाथों का थरथराना सब उस लम्हे में एक साथ हो गया। इतने में लड़के की माँ आ गई और यह मुख़्तसर-सी मुलाक़ात ख़त्म हुई।

क़यामत यह कि इस मुलाक़ात को आख़िरी भी होना था। अगले कुछ महीने भी ऐसे ही छत पर प्यार करते बीते। फिर परीक्षा देने के बाद लड़की अपने घर चली गई और फिर नहीं लौटी। जाने से पहले लड़के को बता भी न पाई क्योंकि लड़का उन दिनों शहर से बाहर था। जब लौटा तब तक छत और मन दोनों सूने हो चुके थे। कुछ दिनों बाद लड़की के मामा भी शहर छोड़कर चले गए और एक प्रेमकथा दो छतों का राज बनकर रह गई।

लड़का, लड़की कई दिनों तक उदास रहे। फ़ोन करने या ख़त लिखने की कोई सूरत नहीं बन पाई थी। फिर धीरे-धीरे वक़्त की धूल प्रेम के उन लम्हों पर चढ़ती गई और अगले दो सालों में दोनों के दिल किन्हीं और प्रेमियों के लिए धड़कने लगे।

अस्सी के दौर वाले कितने ही प्रेमी आज एक साथ उन्हीं छतों पर बैठकर अपने बच्चों के साथ शाम की चाय पीते हैं, कितने ही उस पुराने मोहल्ले में उसी पुरानी छत पर कुछ वक़्त गुज़ारने चले जाते हैं और सामने की ख़ाली छत को एक दबी हसरत से देख वापस लौट आते हैं। कितने ही अब छत वाली को अपने नन्हे के साथ देखकर 'मामा' शब्द से आतंकित होकर पीछे मुड़ जाते हैं और कितने ही उन छतों के क़िस्सों को फ़ेसबुक पर लिख डालते हैं कि शायद उन सैकड़ों लाइक्स में उस सामने की छत वाले ख़ास नाम का एक लाइक झिलमिला जाए।

लड़का, लड़की उस कच्ची उम्र वाले इश्क़ से कब के बाहर निकल चुके हैं और अपनी-अपनी ज़िन्दगियों में ख़ुश हैं। लड़के ने एक-दो बार लड़की को सोशल मीडिया पर ढूँढ़ने की कोशिश की मगर वह उसे कभी नहीं मिली। लड़की ने कभी ढूँढ़ने की कोशिश नहीं की। दोनों अब कभी एक-दूसरे को याद भी नहीं करते। एक-दूसरे के लिए कोई हूक भी नहीं उठती लेकिन जब-जब यारों-दोस्तों में पहले प्यार के क़िस्से सुनाए जाते हैं तब दोनों अपनी उसी छत पर पहुँच जाते हैं और मुस्कराते हुए अपने नज़री इश्क़ की हसीन कहानी सुनाते हैं।

इतने दिन एहसान किया दीवानों पर

मोबाइल के चलन में आने के शुरुआती दिन थे। आउटगोइंग कॉल के एक मिनट के छह रुपये और इनकमिंग कॉल का एक रुपया लगता था। एस.टी.डी. की दरें इससे कुछ सस्ती हुआ करती थीं। एक छोटे-से शहर के एक एस.टी.डी. बूथ पर रोज़ एक लड़की शाम को ठीक सात बजे आया करती थी। दिन-भर की दौड़-भाग से थकी हुई, उदास चेहरे वाली लड़की पुलिस की वर्दी में होती जिस पर नेमप्लेट नहीं होती थी, लेकिन कंधे के दो स्टार बताते थे कि वह सब-इंस्पेक्टर है। लड़की अपनी सरकारी जीप ख़ुद ड्राइव करती हुई आती और एक फ़ोन नम्बर पर लगभग पन्द्रह से बीस मिनट लम्बा कॉल करती। बूथ के अन्दर ग्लास का एक छोटा-सा केबिन बना हुआ था जिसे वह अन्दर से चिटकनी लगाकर बन्द कर लिया करती और लगभग फुसफुसाते हुए बड़ी धीमी आवाज़ में बात करती। कोई नहीं जान पाता कि वह रोज़ किससे बातें करती है, सिवाय उस एस.टी.डी. के मालिक के जो तेईस-चौबीस साल का एक नौजवान था। पारदर्शी केबिन के बाहर से लड़की की आवाज़ सुनाई न देती, लेकिन लड़के की ओर पीठ किये बात करती लड़की के

लगातार बहते आँसू और भिंची हुई सिसकियों से काँपते कंधे उससे छुप नहीं पाते। लड़की उससे और अपनी बारी का इन्तज़ार करते केबिन के बाहर खड़े अन्य ग्राहकों से अपने आँसू छिपाने का भरसक प्रयास करती—झेंपती हुई बाहर निकलती। काउंटर पर पैसे देने खड़ी हो जाती और बिल चुकाकर अपनी जीप स्टार्ट कर सीधे चली जाती।

लगभग पन्द्रह दिन लगातार फ़ोन करते रहने के बाद लड़की जब सोलहवें दिन एस.टी.डी. बूथ पर आई तो उस काँच के केबिन में तीनों तरफ़ एक मोटा नीला पर्दा लगा हुआ था। लड़की ने उस दिन फ़ोन करते हुए अपने आँसू बहने दिए थे। फ़ोन रखकर रूमाल से ठीक से चेहरा पोंछा था और बाहर निकल आई थी। पैसे चुकाते वक़्त उसकी आँखों में एक भीगा हुआ 'शुक्रिया' था।

एस.टी.डी. वाला नौजवान अपने इश्क़ के अश्कों वाले मौसमों को याद करता हुआ मन-ही-मन दुआ माँग रहा था—"हे ईश्वर, इस लड़की के आँसू जल्द बीतें और इसके होंठों पर मुस्कानों का मौसम आए।"

चार महीने तक यह सिलसिला चलता रहा था फिर अचानक एक दिन लड़की ने आना बन्द कर दिया। शायद उसका ट्रांसफ़र हो गया था। एस.टी.डी. वाले नौजवान ने कुछ दिन उसका इन्तज़ार किया था फिर अपनी ज़िन्दगी में व्यस्त हो गया था।

ठीक दस साल बाद उस नौजवान के पास कोतवाली से एक कॉल आया था। उसे थाने बुलाया गया था। वह थोड़ा घबराया हुआ-सा तुरन्त उठकर थाने चल दिया था। टी. आई. के चेंबर में उसे बैठाया गया था। मामले को समझने की वह कोशिश कर ही रहा था कि तभी टी. आई. साहब ने कमरे में प्रवेश किया और उससे हाथ मिलाया।

"आज सुबह ही कोतवाली में ज्वाइन किया और सबसे पहले तुम्हारा शुक्रिया अदा करना चाहता था।" कहते हुए उन्होंने चाय लाने का ऑर्डर दिया। चुस्त वर्दी में सौम्य व्यक्तित्व के टी. आई. साहब मुस्कराकर उससे मुख़ातिब थे।

"लेकिन मुझे किस बात का शुक्रिया...?" वह अभी भी अचकचाया हुआ था।

"शायद अब तुम समझ जाओ कि किस बात का शुक्रिया।" पीछे से आती एक मीठी आवाज़ ने उसका ध्यान खींचा।

वही दस साल पहले की दुबली-पतली उदास लड़की इंस्पेक्टर की वर्दी में दरवाज़े पर खड़ी मुस्करा रही थी। बदन थोड़ा भरा हुआ, चेहरा ख़ुशी और अच्छी सेहत से दमकता हुआ। वर्दी पर तीन स्टार और नेमप्लेट पर नाम—मन्दिरा मेहरा।

"इनसे मिलो...ये मेरी उत्तमार्ध।" टी. आई. साहब ने लड़की के कंधे थामते हुए परिचय कराया।

"मुझसे ही बात किया करती थीं ये तुम्हारी एस.टी.डी. से। बहुत कम लोग आँसुओं की निजता को समझते हैं और तुम उन चन्द लोगों में से एक हो जो मन के सबसे कच्चे कोने को सार्वजनिक होने की लज्जा से बचाना जानते हो। हम दोनों तुम्हारे कृतज्ञ हैं।"

तीनों ने साथ चाय पी थी और देर तक बातें की थीं। उस लड़के की दुआ क़ुबूल हुई थी। मुस्कानों का मौसम कैम्पस में लगे अमलतास के पेड़ पर पीले झुमके बनकर मुस्करा रहा था।

आपके बाद हर घड़ी हमने आपके साथ ही गुज़ारी है

लड़का अपने फ़्लैट की स्टडी में अपनी दोस्त के साथ बैठा हुआ है। म्यूज़िक प्लेयर पर एक लोकगीत बज रहा है—

काली रे काली काजलिये री रेखड़ी रे
हाँजी रे, कालोड़ी कांठल में चिमके बीजली
म्हारी बरसालै मूमल हालै नी ऐ आलिजै रै देस...

लड़के की दोस्त उस हूक उठाती कच्ची माटी की-सी कसक भरी आवाज़ के सौन्दर्य से अभिभूत है। अहा...कैसी कोरी सोंधी आवाज़, कैसे कलेजा चीरते सुर और कैसी अबूझ बेचैनी!

"किसने गाया है ये गीत?"

लड़का धुएँ के छल्ले बनाते हुए जैसे किसी दूसरी दुनिया में गुम था...दोस्त की आवाज़ से चौंका और राख ऐश-ट्रे में झाड़ते हुए बोला—

"इस आवाज़ की कहानी सुनोगी?"

"हाँ...क्यों नहीं।"

"आज से तेरह साल पहले एक इंजीनियर इस शहर में एक बड़ी बिल्डिंग का काम सुपरवाइज़ करने आया था। सुबह दस बजे से शाम सात बजे तक ईंट, गारे, सीमेंट, लोहे के बीच घिरे रहने वाला वह नौजवान इंजीनियर एक दिन काम ख़त्म करके घर जाने की तैयारी में था तभी दूर से आते लोकगीत के स्वर ने उसे ठिठका दिया। इंजीनियर सम्मोहित-सा आवाज़ की दिशा में चल पड़ा। सड़क की दूसरी ओर ख़ाली पड़े मैदानों में बंजारों ने डेरा लगाया हुआ था...उन्हीं की बस्ती से यह आवाज़ आ रही थी। उस आवाज़ से खिंचा हुआ इंजीनियर बस्ती में पहुँचा। एक तम्बू के बाहर एक किशोर बंजारन चूल्हा सुलगाते हुए गीत गा रही थी। इंजीनियर दम साधे उसके कंठ से बहते अमृत को पीता रहा...कब आँखें धुँधला गईं, पता न चला। जब लड़की की निगाह उस पर पड़ी तो वह एकाएक चुप हो गई।

"क्यों चुप हो गईं...गाओ ना।"

कई कलियों वाला काला-लाल लहँगा-चोली पहने वह सोलह-सत्रह बरस की साँवली लड़की सकुचा गई। इंजीनियर ने ध्यान से लड़की को देखा। साँवलेपन पर धूल की एक मटमैली परत, गोल चेहरा, हाथों में कोहनी तक भरे सफ़ेद कंगन, हाथ में गोदना और कई दिनों के रूखे बिन धुले बाल। ऐसा कुछ न था कि उसे दुनियावी पैमाने के लिहाज़ से सुन्दर कहा जा सकता सिवाय उसकी आवाज़ के जादुई रिफ़्लेक्शन के, जो उसके चेहरे पर भी छाया था। एक न समझ आने वाला चुम्बकीय आकर्षण था जो ख़ूबसूरती की नई परिभाषा गढ़ रहा था।

लड़की उसे यूँ अपनी ओर देखता पाकर अन्दर भाग गई। इंजीनियर वापस चला आया।

अगले दिन से रोज़ शाम उस आवाज़ की डोर पकड़कर वह डेरे में पहुँच जाता। लड़की अब उससे खुल गई थी।

"ये कौन सा गीत गाती हो तुम?" एक दिन इंजीनियर ने लड़की से पूछा।

"ये मूमल है। जानते हो मूमल की कथा?"

"नहीं जानता, सुनाओ।"

"यह लोद्रवा की राजकुमारी मूमल और अमरकोट के राजकुमार महेंद्र के प्रेम की कथा है जिसे हम गीतों में गाते हैं। रोज़ रात को ऊँट पर बैठकर महेंद्र काक नदी पार कर मूमल से मिलने जाया करता था।"

"हम्म...अच्छी कहानी है। रोज़ सुनना चाहता हूँ मैं ये गीत, सुनाओगी ना मुझे?"

लड़की जवाब में अपना गला साफ़ करती, आँखें बन्द करती और गान्ा शुरू कर देती। वह जब मूमल गाना शुरू करती और अपनी ख़लिश भरी दानेदार आवाज़ में खरज से सुर उठाती तब लगता था मानो कोई नदी परबत की गोद से एक पतली धार-सी धीमे-धीमे बहती आगे बढ़ रही है। आगे जब आलाप को लहराती हुई तार सप्तक पर पहुँचती तब इंजीनियर अचम्भित-सा बस उसे देखता रह जाता। उसके रोम-रोम में एक सिहरन दौड़ जाती और जब वह आँखें बन्द किये गाती लड़की को देखता तो बस आँखें न हटती थीं। उसके सुरों की कोमलता और पवित्रता उसके चेहरे पर नूर बनकर छा जाती और लड़की असाधारण ढंग से ख़ूबसूरत हो उठती। तब मानो अल्ला जिलाई बाई ख़ुद आकर आसीस देतीं लड़की को। लड़की ने अपना कोई नाम बताया था उस इंजीनियर को मगर वह एक दिन बोला—

"मैं तुम्हें मूमल ही कहूँगा आज से।"

इक्कीस दिनों तक ये सिलसिला चलता रहा। लड़की के तम्बू के बाहर ज़रा दूर पर एक टेसू के पेड़ के नज़दीक सुरों की नदी में बहते-बहते दोनों के बीच और भी जाने क्या पनपा जो कभी कहा न जा सका। बल्कि कभी समझा भी न जा सका।

इक्कीस दिन बाद लड़का छुट्टी में अपने घर गया। हफ़्ते-भर बाद लौटा तो डेरा उठ चुका था। पागलों की तरह सारा शहर छान मारा,

आसपास के शहरों में भी तलाश कर आया। मगर बंजारन जा चुकी थी। उसके पास कुछ शेष था तो टेप रिकॉर्डर में रिकॉर्ड की हुई उसकी आवाज़।

लड़के को उस दिन एहसास हुआ कि उसने अपनी सबसे क़ीमती चीज़ खो दी है। प्रेम था या कुछ और...उसे कुछ नहीं पता। बस इतना जानता था कि उसके जीवन में एक शून्य जमा हो गया है, एक गहरा, ख़ालीपन जिसे उस आवाज़ के अलावा कोई चीज़ नहीं भर सकती।

लड़के की दोस्त जैसे कहानी सुनते-सुनते उस बंजारन और इंजीनियर की अलबेली-सी कथा में डूब गई थी। कहानी ख़त्म होते ही चन्द मिनटों की ख़ामोशी छाई रही कमरे में। केवल मूमल की आवाज़ गूँज रही थी...अपनी आवाज़ से निकलकर दोनों की आँखों के सामने मूमल सजीव हो आई थी।

जाई रै मूमल लोद्रवाणे रै देस में...

"और जानती हो, उसके बाद उन डेरों वाली ज़मीन पर हाउसिंग बोर्ड ने प्लॉट काटकर बेच दिए। जिस जगह पर इक्कीस दिनों तक इंजीनियर ने मूमल के गीत सुने थे, उस टुकड़े को इंजीनियर ने ख़रीद लिया। आज जहाँ ये म्यूज़िक प्लेयर रखा है, वहाँ मूमल बैठा करती थी और जहाँ तुम बैठी हो, वहाँ वो इंजीनियर एक बड़े पत्थर पर बैठकर सुना करता था।"

कमरे की खिड़की के ठीक बाहर टेसू की शाख एक बार काँपकर थिर हो गई थी। लड़के की निगाह उस शाख पर देर तक ठहरी रही थी।

वही लड़की वही लड़का पुराना
कहीं होता है ये क़िस्सा पुराना

उस दिन लड़की रोज़ की तरह सुबह साइकिलिंग करके वापस घर लौटी थी। सब कुछ रोज़ की तरह ही था। साइकिल निकालना, कानों में हैडफ़ोन लगाना, पार्क के चार चक्कर लगाना लेकिन जब लड़की लौटी तो सब कुछ रोज़ की तरह नहीं था।

लौटते हुए रास्ते में उसने साइकिल रोककर पार्क के बच्चों के साथ फ़ुटबाल खेला, एक पिल्ले को गोद में उठाकर बहुत देर तक प्यार किया, गुब्बारे बेचते लड़के के सारे गुब्बारे ख़रीदकर उसी को गिफ़्ट कर दिए, घर लौटकर काम वाली अम्मा को फ़्लाइंग किस दिया और अपने कमरे में आकर एक अदृश्य पार्टनर के साथ बॉलरूम डांस करने लगी।

लड़की देर तक वाल्ट्ज की धुन पर नाचती रही, ख़ूब खुलकर मुस्कराई फिर अचानक गुमसुम होकर रो पड़ी। देर तक रोती रही कमरे में अँधेरा करके। रोते-रोते पुराना एलबम और डायरी के पन्ने पलटते रही और सीने से लगाकर जाने कब सो गई।

उधर एक लड़का सुबह बेटे को स्कूल के लिए बस स्टॉप पर छोड़कर लौटने के बाद कमरे में जाकर सो गया था, यह कहते हुए कि उसके सर में बहुत दर्द है। उसकी बीवी ने उसे कभी रोते हुए नहीं देखा था। उस दिन भी नहीं देख पाई। बस बेमौसम की बारिश हुई थी और एक पतला-सा तकिया भीगता रहा था जिसने ऐसी कई बारिशें देख रखी थीं।

दो समन्दरों में एक ही वक़्त पर तूफ़ान आया और चला गया। दुनिया के सारे कामकाज वैसे ही चलते रहे। सीधी-सीधी चलती ज़िन्दगी में इतनी उठापटक और कौन कर सकता है, सिवाय इश्क़ के।

इतना सब अजब घटा क्योंकि साइकिल चलाने के बाद जब लड़की वापस आ रही थी तब उसे एक लड़का दिखाई दे गया था जो बेटे को बस में बैठाकर अपनी कार की तरफ़ लौट रहा था। वही लड़का जिससे विदा लिये अब पाँच साल हो चुके थे। हुआ बस इतना था कि साइकिल धीमी हुई थी और लड़के से एक भरपूर निगाह टकराई थी और लड़के ने बड़ी कोमलता से अपनी दोनों आँखें झपकाई थीं, ठीक वैसे ही जब वह 'आई लव यू' कहने की जगह बस ऐसे ही अपनी आँखें झपका दिया करता था। फ़क़त दस सेकेंड में सब कहा गया, सब सुना गया। एक टाइम मशीन दोनों को पाँच साल पहले के वक़्त में ले गई और वापस ले आई फ़क़त दस सेकेंड में। ये बात अलग है कि इस दस सेकेंड की ख़ुमारी अब दस दिनों तक नहीं उतरेगी।

ये सारी कारस्तानी इश्क़ की थी। चलो, लड़की तो उसी रास्ते पर रोज़ साइकिल चलाती थी मगर लड़का अचानक कहाँ से टपक पड़ा। लड़का बेचारा तो पहली बार इस रास्ते पर आया था क्योंकि जिस बस से बेटे को जाना था वह ख़राब हो गई थी और दूसरी बस से उसे भेजना था। बस को ख़राब इसलिए होना था क्योंकि लड़के की नज़रों को उसी समय लड़की की नज़रों से टकराना था।

कमबख़्त इश्क़ ने एक चिकोटी काटी है...थोड़ी देर तो लाल रहेगा ही।

अलमारी से ख़त उसके पुराने निकल आए

लड़की के पापा का शहर से ट्रांसफ़र हो गया। लड़की की तो मानो जान ही निकल गई। कैसे न निकलती, इसी शहर में उसकी जान जो रहती थी। बारहवीं क्लास में लड़का उसका क्लासमेट था और साथ-साथ ग्रेजुएट होते-होते सोलमेट भी हो गया था।

दोनों उस उमर से गुज़र रहे थे जब प्रेम किसी फ़लसफ़े को नहीं मानता, धैर्य नाम की किसी शै को नहीं पहचानता। जिस उम्र में मुहब्बत का मतलब है एक अनबूझी-सी बेचैनी, मिलने की आतुरता, इन्तज़ार, वादे, सरप्राइज़, उपहार, मन्नतें, गलबहियाँ, रूठना, मनाना और हज़ारों-हज़ार चुम्बन। वो ख़ास उम्र जब प्रेमी दिन-रात एक ख़ुशबू बनकर दिलोदिमाग़ को महकाए रखता है।

लड़का रोज़ शाम अपनी हीरो होंडा पर विशेष तरह से हॉर्न बजाता हुआ उसके घर के सामने से निकलता। लड़की बाहर गेट पर आकर चुपचाप हाथ हिला देती और ख़ुशी से मटकती हुई घर के अन्दर चली जाती। लड़की भी कहाँ कम थी। उसके ट्यूशन जाने का रास्ता लड़के की गली से होकर गुज़रता और रोज़ ठीक उसी समय लड़का अपने घर

के बाहर अपनी मोटरसाइकिल धोया करता। ये सुबह-शाम का दर्शन रोज़ाना होने वाली नियमित मुलाक़ातों से अलग था।

अब पाँच साल बाद लड़की के पापा का ट्रांसफ़र उस शहर से 500 किमी. दूर किसी और शहर में हो गया। लड़की चली गई। आख़िरी मुलाक़ात में हर हफ़्ते ख़त लिखने का वादा हुआ। तब मोबाइल नहीं हुआ करते थे। यह 1996 का साल था। लड़की के पापा बड़े ही सख़्त। किसी लड़के की चिट्ठी घर में आई तो ख़ैर नहीं। लड़की ने कहा, "तुम लिफ़ाफ़े पर मेरी सहेली मंजूषा का नाम लिखना।"

एक हफ़्ता बीतते ही पहला ख़त आ गया। लड़की के जीवन का पहला प्रेमपत्र। पापा ने ही लाकर दिया।

"लो, तुम्हारी सहेली मंजूषा का पत्र आया है।"

लड़की भागकर छत पर गई और ख़त पढ़ना शुरू किया। एक-एक अक्षर पढ़ती जाती और रोती जाती। हर पंक्ति पर लड़के की याद और गहन होती जाती। पुराने दिन बुरी तरह याद आते। काश, वह इस वक़्त आ जाए और गले लगा ले।

रोते-रोते ख़त का अन्तिम पैरा आ गया और हिचकियाँ भर के रोती लड़की अचानक ठहाका मारकर हँस पड़ी। लड़की अकेली हँस रही थी। लड़की हँसते-हँसते पेट पकड़कर ज़मीन पर बैठ गई थी।

ख़त के अन्त में लिखा था—

'सिर्फ़ और सिर्फ़ तुम्हारा
मंजूषा'

लड़के और लड़की की शादी को अब पन्द्रह साल बीत चुके हैं। लेकिन वो पहला ख़त आज भी दोनों के बीच एक मीठी-सी शरारत बनकर मौजूद है। लड़की अक्सर दाढ़ी बनाते हुए लड़के को चिढ़ाते हुए पुकारती है—

"मेरे, सिर्फ़ मेरे मंजूषा..."

लड़का नकली ग़ुस्से से एक चपत लगाने दौड़ता है। लड़की सोफ़े, मेज़ से टकराती खिलखिलाती हुई भागती है। आख़िर में थककर बेदम हुई लड़की हँसते-हँसते ही अपनी मंजूषा के काँधे पर आकर लटक जाती है। एक भरपूर चुम्बन शेविंग क्रीम के फोम को दोनों चेहरों पर बराबर बाँट देता है।

एक ख़ूबसूरत याद पर किसी लम्हे का नहीं बल्कि पूरी ज़िन्दगी का हक़ होता है और 'मंजूषा' नाम की इस चुलबुली याद को उनकी ज़िन्दगी भरपूर क्लेम कर रही है।

एक गौरैया की जगह ख़ाली है

लड़की बिछड़ने के दस साल बाद लड़के के शहर में आई है।

जब दोनों साथ थे तब कहा करते थे, "हम दोनों मिलकर एक म्यूज़िक बैंड बनाएँगे, साथ में गाने कम्पोज़ करेंगे और साथ में गाएँगे।" दोनों को प्रेम कविताएँ पसन्द थीं और जब लड़का अपनी गहरी आवाज़ में उन कविताओं को लड़की को सुनाता, लड़की प्रेम में गले-गले तक डूब जाती।

"मैं तुम्हें ज़िन्दगी भर दुनिया की सबसे सुन्दर कविताएँ सुनाऊँगा।" लड़की का हाथ थामते हुए लड़का कहता।

"रोज़ डिनर के बाद मीठे में कविता का एक टुकड़ा...अच्छा आइडिया है," लड़की मुस्कराकर कहती और हथेली की आँच से पिघल लड़के के सीने से लग जाती।

एक डोर के टूटते ही सात स्वर भी छन्न से बिखर गए। आज लड़की कॉलेज में जूलॉज़ी की प्रोफ़ेसर है और लड़का बैंकर।

लड़के को मालूम हुआ है कि लड़की इसी शहर में है और उसने फ़ोन करके लड़की को घर आने का निमंत्रण दे डाला है। लड़की एक बार में मान गई है।

लड़की लड़के के घर उससे मिलने आई है। लड़का बेचैन है, ठीक वैसे ही जैसे दस साल पहले हुआ करता था। लड़की सहज है मानो कभी कुछ था ही नहीं।

"कैसे हो?"

"अच्छा हूँ।"

"और तुम?"

"एकदम बढ़िया।"

"तुम्हारी पत्नी...?"

"आज टूर पर बाहर गई है...देर रात लौटेगी।"

"ओह...और बेटा?"

"आता होगा खेलकर।"

"तुम्हारे पति...?"

"वो भी प्रोफ़ेसर हैं...एक बेटी है।"

बस ठंडी, संक्षिप्त, औपचारिक वार्तालाप। लड़का लड़की की आँखों में गहरे झाँककर देखता है। लड़की आँखें नीची कर लेती है। लड़का बस ये जानना चाहता है कि क्या आज भी वह उससे प्रेम करती है? लड़का यह भी बताना चाहता है कि वह एक पल को भी उसे नहीं भूला। मगर वे एक ऐसे पुल के दो किनारों पर खड़े हैं जो पूरी तरह से ध्वस्त हो चुका है। अब पार करना कैसे भी सम्भव नहीं।

लड़का अचानक तेज़ी से उठकर अन्दर गया है। उसे तेज़ रुलाई आई है।

लड़की की नज़रें अब कमरे में घूम रही हैं। एक टेबल पर लम्बी पूँछ वाला काले रंग का बन्दर रखा हुआ है। लड़की ने ग़ौर से देखा "अरे, ये तो बिल्लू है।"

लड़की ने बिल्लू उसे गिफ़्ट किया था यह कहते हुए कि "एक बन्दर के लिए उसका भाई लेकर आई हूँ।" और बड़ी देर तक हँसते रहे थे दोनों।

लड़का बाहर आ चुका है। उसका नन्हा बेटा लड़की की गोद में बैठा हुआ है। थोड़ी देर बाद बेटा अन्दर भाग गया है। लड़के के चेहरे पर एक सवाल है।

"एक बात पूछूँ तुमसे?"

"न...कुछ मत पूछो।"

एक लम्बी ख़ामोशी के बाद लड़की जाने के लिए उठी और जाते-जाते पीछे पलटकर कहा—

"जवाब पूछने से नहीं मिलते, वो तो हमेशा मौजूद रहते हैं हमारे इर्द-गिर्द। बस हम उनको देखते नहीं हैं।"

"फिर कब मिलोगी?" लड़के ने लरज़ती आवाज़ में पूछा है।

"पता नहीं।" लड़की का सधा हुआ जवाब है।

लड़की जा चुकी है। लड़का उदास बैठा है। तभी बेटा उसके कंधे पर चढ़कर चहककर कहता है—

"पापा...उन आंटी को भी बिल्लू बहुत अच्छा लगा। उन्होंने उसे ज़ोर से गले भी लगाया।"

लड़का चौंक गया है। एक पेपरवेट के नीचे दबा एक पन्ना मेज़ पर फड़फड़ाया है।

पन्ने पर ज्ञानेन्द्रपति की कविता *ट्राम में एक याद* जानी-पहचानी राइटिंग में लिखी हुई है। चन्द पंक्तियाँ हाईलाइट की हुईं...

इस महावन में फिर भी एक गौरैया की जगह
ख़ाली है
एक छोटी चिड़िया से एक नन्ही पत्ती से सूनी
डाली है
महानगर के महाट्टहास में एक हँसी कम है
विराट धक-धक में एक धड़कन कम है
कोरस में एक कंठ कम है

तुम्हारे दो तलुवे जितनी जगह लेते हैं उतनी
जगह ख़ाली है

लड़के ने एक नज़र कमरे में बिखरे पड़े तमाम जवाबों पर डाली। बिल्लू को ज़ोर से भींच लिया और रुँधी आवाज़ में कविता पढ़ने लगा।

मोहब्बत ना-मुकम्मल रह गई थी

लड़का और लड़की दोनों थाने पर बैठे हुए थे।

लड़की के घरवालों को पता चल गया था कि दोनों के बीच प्यार जैसी निहायत शर्मनाक चीज़ चल रही थी। लड़की और लड़का दोनों अलग-अलग कॉलेजों में एक ही क्लास में पढ़ते थे। एक कॉमन दोस्त के ज़रिये मुलाक़ात हुई और इश्क़ हो गया। दो सालों में दोनों दसियों बार मिले, सैकड़ों क़समें खाईं और जाने कितने ग्रीटिंग काड्र्स और उपहार एक-दूसरे को दिए। रोज़ एक ख़त भी...हाँ, रोज़ बस स्टॉप पर एक ख़त की अदला-बदली होती थी।

लड़की के घरवालों को जब पता चला तो लड़की की पिटाई हुई क्योंकि लड़की ने ढिठाई से बोल दिया था कि वो उस लड़के से सचमुच प्रेम करती है और शादी करना चाहती है। लड़की महज़ उन्नीस की थी और इस तरह की बेअदबी तो घर के लड़कों ने भी कभी न की थी। पापा ने पहली बार लाडली बिटिया पर हाथ उठाया। लड़की तीन दिन तक घर से बाहर न निकली। अन्त में पिता के सामने हार गई और उस लड़के को भूल जाने का वादा किया। कैसा पिता था...ऐसे वादा ले रहा

था जिसे पूरा करना लड़की के हाथ में न था। ज़ुबान वादा कर सकती थी सो कर दिया। लड़की की बहन ने रात में सामान की तलाशी ली और सन्दूक़ भर के उपहार और ख़त बरामद किये। पिता को चिन्ता हुई कि लड़के के पास भी लड़की का सामान होगा जो आगे चलकर मुसीबत बन सकता है।

पिता ने लड़के से सामान वापस करने को कहा। लड़के ने साफ़ मना कर दिया। पिता के दोस्त ज़िले के एस. पी. थे। थानेदार को हुक्म हुआ कि लड़के को सामान सहित थाने पर बुलवाया जाए। लड़का आख़िरकार एक कार्टन लेकर हाज़िर हुआ। लड़की और उसके घरवाले भी लड़की का सन्दूक़ लेकर हाज़िर हुए।

इस तरह का सामान थाने ने कभी न देखा था। लाशों से जब्त सामान, लूट में बरामद माल, ख़ून से सने कपड़े और मिट्टी—यही सब आता था इस चहारदीवारी के भीतर। ये कैसा सामान था? यहाँ क्या कर रहा था?

देखते ही देखते दो अलग-अलग मेज़ों पर टेडी बियर, की-रिंग्स, डायरी, अँगूठियाँ, पेन, दर्जनों सूखे गुलाब, लव ग्रीटिंग्स के ढेर लग गए। दोनों चुपचाप अपना-अपना सामान समेटने लगे।

अपना सामान? अपना कहाँ रहा ये सारा सामान?

जिस पल प्रेमी की आँखें बन्द करवाकर ये सामान उसकी हथेली में धर दिया था और सरप्राइज़ से चमकती आँखों को देखकर मुहब्बत के दरिया में एक हाथ और नीचे डूब गए थे, उसी पल वो अपना नहीं रहा था मगर अब वापस आ रहा है अपना सामान बनकर। लड़का और लड़की आँसुओं को साधते हुए एक-दूसरे को कभी हताशा से देखते तो कभी तड़पकर मुँह फेर लेते। तभी एक जैसे दो तावीज़ एक साथ दोनों के हाथ में आए और दोनों कुछ पलों के लिए बस एक-दूसरे को देखते ही रह गए मानो ये तावीज़ नहीं मन्नतें थीं और आज टूक-टूक हो रही थीं उनकी नज़रों के सामने, उन्हीं के हाथों। बीते दो साल का लम्हा-लम्हा मेज़ पर बिखर रहा था। तमाशाई मजमा

लगाकर खड़े थे। सामान के बाद जब ख़तों की बारी आई तब लड़की के भाई ने एक ख़त खोलकर पढ़ना शुरू किया। लड़की बुरी तरह सिसक पड़ी, "नहीं भैया।"

लड़की की माँ ने भाई को ख़त पढ़ने से मना कर दिया और दोनों के ख़तों को वहीं जलाने का आग्रह किया। एक सिपाही ने ढेरी बनाकर ख़तों में आग लगा दी। ओह...जैसे कोई चिता जलती हो धू-धू करके।

लड़का और लड़की दोनों का चेहरा आँसुओं से भर गया। उस पल में दोनों की नज़रें मिलीं और जाने क्या था उन हारी हुई नज़रों में कि अचानक लड़की के पास खड़ी बेहद सख़्त चेहरे वाली अधेड़ हेड कॉन्स्टेबल ने उन दोनों के चेहरों और उन जलते ख़तों को देखा और उसकी आँखों में आँसू उमड़ आए।

लड़का-लड़की का आगे क्या हुआ, कुछ पता नहीं मगर अगले महीने उस हेड कॉन्स्टेबल की बेटी की इंटर-कास्ट लव मैरिज का कार्ड थाने में आया था।

इश्क़ इक 'मीर' भारी पत्थर है

कोई हँसती-खिलखिलाती लड़की अचानक एक सुहाने मौसम में सिर्फ़ इसलिए बेतरह उदास हो उठती है कि ऐसे ही किसी मौसम में कभी किसी ने उसे चूमकर कहा था कि वह उसे प्रेम करता है।

कोई बेहद ज़हीन लड़का सिर्फ़ इसलिए अमेरिका न जाकर एक छोटे-से शहर में छोटी-सी नौकरी करता रहता है कि उस शहर में एक प्यारी गोलमटोल-सी लड़की रहती है जिससे लड़का कभी कुछ कह ही नहीं पाया।

नई-नई शादी हुई एक लड़की अपने बेहद प्रेम करने वाले पति के सीने से लगी किसी ऐसे लड़के के लिए आँखें नम कर बैठती है जो उसे कभी प्रेम ही नहीं करता था।

कोई लड़की बेसबब ही फूट-फूट कर रो पड़ती है जबकि उसका प्रेमी उस पर मुहब्बत की बारिश कर रहा होता है।

कोई लड़का अपनी मिड एज में किसी ख़ास शहर के ख़ास रेस्त्राँ की ख़ास टेबल पर घंटों अकेले सिगरेट पीते गुज़ार देता है।

कोई लड़की अपने बच्चे को स्कूल छोड़ने जाते समय बच्चों की भीड़ में एक झलक उस नन्हे बच्चे को देखने रुक जाती है जिसकी शक्ल ठीक

उस लड़के जैसी है, कभी जिसका चेहरा हथेलियों में भरकर कहा करती थी कि उसकी नाक बिलकुल तुम्हारी तरह होगी और आँखें मेरी तरह।

कोई लड़का सिर्फ़ इसलिए एक पुरानी गुलाबी रंग लगी सफ़ेद शर्ट सालों से सँभाले हुए है कि एक लड़की ने अपने लाल दुपट्टे के साथ उसे धो दिया था।

कोई लड़की ऑफ़िस जाते हुए सिर्फ़ इसलिए आठ किलोमीटर लम्बा रास्ता लेती है कि उस छोटी-सी गली में कभी कोई बहुत ख़ास रहा करता था जो दरवाज़े पर देर शाम को उसे विदा करते हुए इधर-उधर देखने के बाद झट से चूम लिया करता था।

कोई लड़का हर पूनम की रात छत पर देर तक सिर्फ़ इसलिए अकेला बैठा रहता है कि कभी एक कविता लिखने वाली लड़की ने वादा लिया था कि हम ज़िन्दगी भर हर पूनम का चाँद रात को एक साथ देखेंगे, जबकि उसे कोई इल्म नहीं कि लड़की को वो वादा याद भी है या नहीं!

ओह इश्क़...कितनी तरह से कितनों की जान लोगे तुम!

ख़ामोशी ख़ुद अपनी सदा हो
ये भी तो हो सकता है

लड़का और लड़की पहले दिन से जानते थे कि उनका कुछ न हो पाएगा। पर मुसीबत ये थी कि लड़का लड़की को बहुत अच्छा लगता था। उसका भोला-सा चेहरा, अजय देवगन-सी नशीली आँखें, हल्के भूरे रेशमी उड़ते बाल और नॉन-स्टॉप चुटकुले लड़की को खींचे जाते थे। केवल इतनी ही मुसीबत नहीं थी, ये और बड़ी मुसीबत कि लड़की भी लड़के को उतनी ही अच्छी लगती थी। लड़की ने बहुत कोशिश की कि लड़के से दूर रहे, दूर न भी रह पाए तो कम-से-कम इज़हार तो भूलकर भी न करे। यह बेहद ज़रूरी था।

लेकिन होता वही है जो होना है, उसका होना कितना भी ग़ैरज़रूरी हो, इससे क्या फ़र्क़ पड़ता है? आख़िर गर्मियों की एक सुहानी शाम जब लड़की अपनी सहेली के साथ झील किनारे घूम रही थी और अचानक लड़का कानों में हेडफ़ोन लगाए वहाँ आ गया तो यह भी इत्तफ़ाक़ था कि उसी समय लड़की की सहेली का फ़ोन आ गया और वह उससे बात करने थोड़ी दूर

जाकर खड़ी हो गई। लड़के ने हेडफ़ोन का एक सिरा लड़की के कान में ठूँस दिया।

'मेरे जैसे बन जाओगे जब इश्क़ तुम्हें हो जाएगा, दीवारों से टकराओगे जब इश्क़ तुम्हें हो जाएगा।'

सुनते-सुनते लड़की एक कच्ची-सी रेशमी डोर में बस बँधती चली गई और बीस मिनट बाद जब सहेली लौटकर आई तब तक सारा खेल हो चुका था। लड़की के जीवन का सबसे ग़ैरज़रूरी घट चुका था। ग़ज़लें सुनते-सुनते कब दोनों के हाथ एक-दूसरे के हाथ में आ गए, किसी को पता न चला। लड़की रो पड़ी थी वहाँ से उठते हुए।

हालाँकि लड़की ने प्रेम की पहली चिंगारी उठते ही बता दिया था कि उसकी शादी मम्मी-पापा की मर्ज़ी से ही होगी। वह उसे कितना भी क्यों न चाहे, शादी न कर पाएगी। लड़का टूट गया था भीतर से। उसने कितनी तो कोशिश की थी मनाने की।

"तुम कहो तो मैं ख़ुद चलकर तुम्हारे पापा से बात कर लेता हूँ। प्लीज़ एक बार कोशिश तो करने दो।"

"नहीं...बिलकुल नहीं।" लड़की अपने ख़ूँख़्वार पापा को लेकर इतनी दृढ़ थी कि वह लड़के का अपमान बर्दाश्त नहीं कर सकती थी।

हारकर लड़के ने नियति को स्वीकार कर लिया। दोनों में यह तय हुआ कि आगे अलग होना ही है तो जो ये दो साल साथ के हैं, इन्हें क्यों ज़ाया किया जाए। अब आगे के दो सालों में मुहब्बत के सिवाय कोई और रंग न होगा, कोई और ख़ुशबू न होगी और बिछड़ने की बात भी नहीं होगी। जब अलग होना होगा, बे-आवाज़ एक-दूसरे को विदा कह देंगे।

लड़का और लड़की दो साल तक ऐसे जिये मानो एक पूरी उम्र इन्हीं 730 दिनों में जीनी है। दोनों बस स्मृतियाँ सहेज रहे थे बाक़ी की सारी उम्र के लिए मानो कोई अपने अच्छे दिनों में बुरे वक़्त के लिए राशन इकट्ठा करता हो, मानो इन्हीं दिनों के सहारे अब बाक़ी उमर गुज़ारनी हो। दोनों साथ में हँसते-गाते-घूमते, मूवी देखते, कभी-कभी रहा

न जाता तो रो भी पड़ते। मन्दिरों में जाकर दोनों चुपके से मन्नत माँगते कि काश कोई चमत्कार हो जाए और दोनों सदा के लिए एक हो जाएँ।

पर कोई चमत्कार नहीं हुआ सिवाय इसके कि ये 730 दिन 7 दिनों की तरह पलक झपकते बीत गए। ये सात सौ तीसवाँ दिन था। दोनों का सामान पैक था। आज हॉस्टल ख़ाली करना था।

लड़की आख़िरी बार लड़के के कमरे में बैठी है। भरा गला, भरी आँखें। कहना आसान था पर जब विदा का वक़्त आया तो बोल न फूटते थे किसी के। जाने कितनी देर एक-दूसरे से लिपटे एकदम ख़ामोश बैठे रहे दोनों। आख़िर लड़की ही बोली थी, "हम फ़ोन पर बात करेंगे।"

"नहीं...अब कभी नहीं। मेरे लिए मुश्किल होगा। तुम्हारी सगाई फिर शादी की बातें नहीं सुन सकूँगा मैं। अब हम न कभी मिलेंगे न बात करेंगे।"

लड़की बिलख उठी मगर लड़के ने उससे वादा लिया कि वह अब कभी बात नहीं करेगी वरना वह कभी सँभल नहीं सकेगा।

दो महीने बीत गए दोनों को विदा लिये। दिन में जाने कितनी बार जो सबसे मीठी आवाज़ कानों में घुल जाया करती थी, अब वह दूर-दूर तक नहीं थी। मोबाइल तक हाथ जाता है, कॉन्टैक्ट लिस्ट में उसका नाम चमकता है, उँगलियाँ धीरे से उस नम्बर को छूती हैं मानो प्रिय का बदन छू रही हों, फिर एक झटके से मोबाइल परे रख देते हैं और रो देते हैं। कुछ यूँ दिन गुज़र रहे हैं दोनों के।

अचानक एक दिन लड़के का मोबाइल बजा है। कोई अपरिचित नम्बर है। लड़का फ़ोन उठाता है। उधर से कोई आवाज़ नहीं। लड़का हेलो-हेलो बोलता है। अभी भी दूसरी ओर ख़ामोशी है। बस धीमी आवाज़ में कोई गीत बज रहा है। लड़का ध्यान से सुनता है—

मैं भूल जाऊँ तुम्हें अब यही मुनासिब है
मगर भुलाना भी चाहूँ तो किस तरह भूलूँ।

दूसरी ओर लड़के के दिल की धड़कनें तेज़ हो गई हैं और वह भी ख़ामोशी से ख़ामोशी को सुन रहा है। दो-तीन मिनट बाद फ़ोन कट गया है।

अब अक्सर देर रात एक ख़ामोशी फ़ोन करती है और एक ख़ामोशी सुनती है। उस सन्नाटे में कभी साँसों की तेज़ आवाज़, कभी घुटी-घुटी सिसकी और कभी पीछे बजती ग़ज़ल की आवाज़ सुनाई दे जाती है। इस क़दर बातें तो कभी दोनों ने तब भी नहीं की थीं जब वे साथ थे। संवाद के लिए एक दीर्घ चुप्पी से बेहतर कोई माध्यम नहीं।

ऐसे ही एक साल और बीत गया है। अब ख़ामोश कॉल्स पहले से कम हो गई हैं। लड़के ने कभी जानने की कोशिश नहीं की कि लड़की कहाँ है, कैसी है? लड़का न फ़ेसबुक पर है, न वाट्सएप पर। फिर से टकराने का कोई रास्ता उसने नहीं छोड़ा है। लड़का अब सँभल गया है। याद की तीव्रता कम हो गई है मगर प्रेम की नहीं। जो स्मृतियाँ सहेजी थीं, साल-भर वो इस आँच को सुलगाए रखती थीं।

पाँच साल बीत गए हैं। दोनों सँभल गए हैं, वे दोनों ऐसा मानते हैं। अब साल में बस दो बार लड़के के मोबाइल पर एक ख़ामोशी कॉल करती है। एक लड़के के जन्मदिन पर बीस सितम्बर को और दूसरे दस अप्रैल को जिस दिन एक-दूसरे को विदा कहा था। दोनों क्या कर रहे हैं अब, शादी हुई या नहीं, कहाँ रहते हैं, क्या कभी बात करेंगे, क्या कभी मिलेंगे? ये सारे सवाल बेमानी हैं। बस इतना जानना काफ़ी है कि दोनों ही इन दो दिनों के इन्तज़ार में पूरा बरस गुज़ारते हैं।

एक नदी जो धरती के ऊपर से सूख गई थी, इतना कि कोई सतह को देखकर अन्दाज़ा नहीं लगा सकता था कि यहाँ कभी कोई नदी भी होगी, सतह के भीतर बहुत गहराई में इस क़दर हरहरा के बह रही थी कि मानो कई जन्मों तक न सूखेगी।

आज दस अप्रैल है। दो लोग धरती के अलग-अलग हिस्से में एक मोबाइल कान से लगाए बैठे हैं। एक लम्बी चुप्पी है और एक बेचैन आवाज़ का हवा में तैरता हुआ टुकड़ा है—

मुझसे बिछड़ के ख़ुश रहते हो, मेरी तरह तुम भी झूठे हो।

गिरता है गुलमोहर, ख़्वाबों में रात भर

मई की तपन भरी दोपहर के बाद हुई हल्की बूँदाबाँदी के बाद मिट्टी की सोंधी सुगन्ध से महकी हुई सुहानी शाम है। लड़की अपने दोस्त के साथ एक लम्बी वॉक पर निकली है। धुली हुई काली डामर रोड जिसके दोनों तरफ़ घने पेड़ लगे हैं, एक ही बारिश के बाद निखर आई है। लड़की और उसका दोस्त अलग-अलग शहरों में रहते हैं। दोस्त लड़की से मिलने उसके शहर आया हुआ है। ढेरों बातें हैं दोनों के पास एक-दूसरे से करने के लिए। दोनों एक ख़ूबसूरत पार्क में पहुँच गए हैं और वॉकिंग ट्रैक पर चल रहे हैं।

"अभी तक उसी के इश्क़ में डूबी हुई है या कोई और मिल गया है तुझे?" दोस्त ने लड़की की सबसे कोमल रग धीरे से दबाई है।

"तुझे क्या लगता है?" लड़की हल्के से मुस्कराई है।

"हम्म...ध्यान से देखने दे अपनी आँखों में। दिखाई तो साला अब भी वही दे रहा है।" दोस्त ने लड़की की आँखों में झाँकने की एक्टिंग की है और शरारत से बोला है।

लड़की मौन रहकर एक स्मित मुस्कान बिखेरती है। प्रेम के धागों से बुनी मुस्कान पर उदासी का एक पेस्टल शेड चढ़ा हुआ है।

"यानी...अब तक वहीं सूई अटकी है तेरी। हद होती है यार, कब तक अतीत को यूँ पकड़कर बैठी रहेगी।" दोस्त अचम्भे में है और उसके स्वर में हल्की नाराज़गी भी है।

"अब मेरे हाथ में है क्या इससे बाहर निकलना? है तो है, क्या कर सकती हूँ?"

"क्यों नहीं कर सकती? आगे बढ़ सकती है। दुनिया में बहुत लड़के हैं जो तुझे प्रेम कर सकते हैं।" दोस्त अभी भी ख़फ़ा नज़र आता है।

"मुझे प्रेम करने वाले तो कई मिले पर मुझे ही किसी से न हो पाया। वैसे तू नाराज़ और दुखी न हो। मैं बहुत ख़ुश हूँ। पता है...प्रेम में प्रेमी के साथ रहते हुए ख़्वाहिशें, अपेक्षाएँ साइड इफ़ेक्ट की तरह होती हैं, जो आपको हमेशा ख़ुश नहीं रहने देतीं। ख़ुशी के साथ एक मुसलसल बेचैनी बनी रहती है। कभी शिकायतें होती हैं तो कभी नाराज़गी तो कभी मिस-अंडरस्टैंडिंग। मगर जब प्रेमी साथ न हो लेकिन मन में प्रेम हो तो सिर्फ़ प्रेम होता है। साथ बिताए गए पलों की स्मृति से जगमगाता हुआ। प्रेम में साथ होते हुए हम और करते भी क्या हैं, सिवाय स्मृतियाँ बनाने के। एक न एक दिन हर रिश्ता या तो ख़त्म हो जाता है या वैसा नहीं रहता जितना ख़ूबसूरत यह कभी था। ऐसे में साथ रहो या दूर, काम तो स्मृतियाँ ही आती हैं। इसलिए जितने समय प्रेम में हो, पूरे जुनून, पूरे पागलपन के साथ रहना चाहिए। उस जुनूनियत में किये गए काम ही जीवन-भर हमारी दीवानगी का एहसास कराते हैं हमें। चाहे फिर वो नींदों का त्याग कर बार-बार मुँह धोकर रात-रात भर बातें करना हो या फिर अजीबोग़रीब बहाने बनाकर उससे मिलने के सौ जतन करना। ज़्यादा समझदारी इश्क़ की दुश्मन है।"

"क्या बात है...आई एम इम्प्रेस्ड। चल, तू बता, तूने क्या-क्या पागलपन किये अपने इश्क़ में? कैसे याद रखती है उस दौर को?" दोस्त उत्सुकता से पूछ रहा है।

लड़की सुनकर मुस्कराई है, "क्या करेगा तू जानकर?"

"तू बता तो सही...मुझे जानना है बस। और सुन...मैं चलते-चलते थक गया हूँ। सामने कितना सुन्दर गुलमोहर का पेड़ है और इसके फूल...जैसे हमारे लिए ही रेड कारपेट बिछाया हो। चल इसके नीचे बैठते हैं थोड़ी देर।"

लड़की बात पूरी होने से पहले ही पिछले वक़्त में जा चुकी है और अब उसकी आँखें कहीं शून्य में स्थिर हो गई हैं। पलकें भारी हो चली हैं नन्ही बूँदों के भार से। अब वह दोस्त को कुछ नहीं बता रही है बल्कि ख़ुद से बातें कर रही है। अब दोस्त कहीं है ही नहीं, इस भीड़ भरे पार्क में सिर्फ़ वह है और मन की किताब में सजी स्मृतियाँ अल्फ़ाज़ों की सूरत में होंठों पर खेल रही हैं। लाल फूलों से लदे गुलमोहर के तले, दोनों तने से पीठ टिकाये बैठे हैं और लड़की धीमे-धीमे कह रही है...।

"पता है, मैं एकदम दीवानी थी इश्क़ में। आठों पहर सिर्फ़ वही मन में, आँखों में समाया रहता था। जैसे हर साँस बस उसी का नाम जपती थी। एक पल भी ऐसा न था जब उसका ख़याल ज़ेहन से अलग होता हो। जी चाहता था कि कभी जुनून में उसका नाम पुकारते सारे शहर भर में दौड़ती फिरूँ, कभी मन करता था कि उसके ऑफ़िस पहुँच जाऊँ और सीधे जाकर उसे सीने से लगा लूँ। पर यह जुनूनियत बस दिल के भीतर ही चक्कर काटती रही और मैं ख़ुद पर मुस्कराती रही। उसको कविताओं का शौक़ था। उसे दुनिया की सबसे सुन्दर कविताएँ पढ़वाना चाहती थी इसलिए दुनिया के सारे कवियों की कविताएँ पढ़ीं और उसे भेजीं। सबसे ख़ूबसूरत ग़ज़लें उसे भेजीं, कई ग़ज़लें ख़ुद सीखीं किसी रूमानी पल में उसे सुनाने को। जब वो पहाड़ या समन्दर पर जाता तब दूर से ही उसके साथ होना चाहती। ऐसे में वो सारी बातें जो मैं उसके साथ उन पलों में होती तो उससे कहती, रिकॉर्ड करके उसे वाट्सएप पर भेजा करती और इस तरह हम दोनों ने दुनिया साथ घूमी। आधी रातों को बेचैनी में जागते हुए कई ख़त लिखे। कुछ भेजे और बहुत सारे आज

भी बिन भेजे हुए रखे हैं। प्रतीक्षा का अर्थ क्या होता है, उन्हीं दिनों में जाना। मेरे जैसी देर से जागने वाली लड़की उसकी एक झलक के लिए सुबह 5 बजे उठने लगी। प्रतीक्षा में आँखें सुजाए रात-रात भर जागी...।"

लड़की जाने कहाँ खोई बस बोलती जा रही थी। तभी लड़के ने उसके गाल पर खिंच आई एक तरल लकीर देखी और टोका—

"बस कर...तू कब समझेगी कि ये सब अतीत था। वो वक़्त गुज़र चुका है...स्मृतियाँ कभी वर्तमान में साँस नहीं लेतीं।"

लड़की ने एक नज़र अपने दोस्त को देखा है और हौले से मुस्कराकर बोली है, "ये जिस गुलमोहर के नीचे हम बैठे हैं ना, उसके जन्मदिन पर मैंने उसे तोहफ़े में दिया था और हम दोनों ने इसे यहाँ रोपा था। मैं जानती हूँ वह भी कभी इस शहर में आता होगा तो कुछ पल इसके नीचे ज़रूर बैठता होगा। अब कहो कि स्मृतियाँ साँस नहीं लेतीं..."

दोस्त अवाक् था...उसने लड़की को खींचकर गले लगा लिया। उसके गालों पर भी एक गीली रेखा खिंच आई थी। गुलमोहर के दहकते हुए फूल अब भी झर रहे थे। लड़की की देह पर भी और दुनिया के किसी हिस्से में अपने घर चैन से सोये लड़के के स्वप्न में भी।

फिर उसी बेवफ़ा पे मरते हैं

पहाड़ के परले तरफ़ गाँव में एक लड़की रहती है। उसी गाँव में लड़की के मकान से चार मकान छोड़कर एक लड़का भी रहता है। दोनों बड़ा प्यार करते हैं आपस में। लड़की खेत में माँ-बापू का हाथ बँटाती है और ज़रा सा मौक़ा मिलते ही दौड़ पड़ती है तालाब के पास वाले मन्दिर की ओर, जहाँ लड़का हाथ में ढेर सारे बेर और मूँगफलियाँ लिये उसका इन्तज़ार करता मिलता है। मन्दिर के पिछवाड़े की सीढ़ियों पर दोनों देर तक बैठते हैं।

"तुम मुझे कितना प्यार करते हो?"

"बहुत-बहुत ज़्यादा।"

"हम्मेशा करोगे?"

"हाँ...।"

"सच्ची...ज़िन्दगी-भर?"

"और नहीं तो क्या?"

"हम शादी के बाद एक गाय पालेंगे...उसके बछड़े का नाम...।"

"अरे, तू भी क्या सोचने लग जाती है...पगली। मैं तुझसे शादी न कर पाऊँगा।"

लड़की सूखे पत्ते की तरह काँप उठती है, "क्यों भला?"

"मेरे घरवाले तुझसे शादी के लिए नहीं मानेंगे...तेरी-मेरी जात अलग है न।"

"तो क्या हुआ...?"

"ब्याह तो मैं घरवालों की मर्ज़ी से करूँगा...।"

"और मैं?"

"तू भी अपने माँ-बापू की मर्ज़ी से कर लेना।"

लड़की के साथ मन्दिर...तालाब...सीढ़ियाँ सभी हैरत से एक-दूसरे को देख रहे हैं।

"तू तो मेरी राधा है न...बता राधा-किशन का ब्याह हुआ था क्या?"

लड़की चुप हो गई है...धीरे से 'न' में सर हिलाती है।

"तो फिर...अब बोल, तू भी मुझसे ज़िन्दगी भर प्यार करेगी न...?"

"हाँ..." लड़की का सर फिर से हिला है। लड़की के साथ पेड़ पर बैठी गौरैया भी ख़ामोश हो गई है...उसके बच्चे भूख से चिल्ला रहे हैं पर वो उनकी ओर नहीं देखती है। लड़की उठकर घर की तरफ़ चल दी है। लड़का चिल्लाता है..."कल आएगी न?" लड़की 'हाँ' में सर हिलाती है।

लड़का पीछे से उसे जाते हुए देखता है और बुदबुदाता है... "बेवकूफ़ लड़की।"

लड़की घर जाते-जाते बारिश का मौसम बन गई है...पूरा पहाड़ इतना गीला हो गया है कि बरसों तक न सूखेगा। गाँव की एक झोंपड़ी में लालटेन तले बूढ़ा बाबा कहता है, "इतनी बारिश तो बीते कई सालों में नहीं हुई है।"

लड़के का ब्याह हुए दो साल हो गए हैं। लड़की अपनी सहेली से बातें कर रही है।

"तुझे कुछ ख़बर है उसकी?" लड़की ने बड़े संकोच में सहेली से पूछा है।

"हाँ...मेरे ही शहर में रहता है...एक पाँच महीने का बच्चा भी है।"

"अच्छा...एक बात बताऊँ?" लड़की के चेहरे पर लाज की नर्म लाली है।

"हाँ बता।"

"पता है, हम अलग भले ही हो गए हैं पर वो अब भी मुझे प्यार करता है।"

"अच्छा! तुझसे कहा उसने?"

"नहीं...मगर उसने एक बार मुझसे वादा किया था...शराब को कभी हाथ नहीं लगाएगा। जब तक वो शराब नहीं पीता है...मुझसे प्यार करता है।"

सहेली ज़ोर से हँस पड़ी है...हँसते-हँसते गिर पड़ी।

"क्या हुआ...?"

"तू कितनी भोली है रे, वो रोज़ शराब पीता है...उसने एक दिन भी नहीं छोड़ी।" कहते-कहते सहेली के चेहरे पर भी दर्द उभर आया है।

लड़की का चेहरा ज़र्द पड़ गया है...वह जाड़े के मौसम में तब्दील हो गई है। पहाड़ों पर बर्फ़ की मोटी चादर जम गई है...पत्ते सिकुड़कर बेरंग हो गए हैं। लालटेन वाला बूढ़ा जी भरकर जाड़े को कोसता है। लड़की चुपचाप उठकर घर को चल दी है...।

सहेली पीछे से बुदबुदाती है, "बेवकूफ़ लड़की...।"

साल बीतते हैं। एक दिन लड़का गाँव आकर लड़की का दरवाज़ा खटखटाता है। लड़की दरवाज़ा खोलती है...बिन पलक झपकाए हैरानी से लड़के को देखती है।

"ऐसे क्या देख रही है? तेरे घर आया हूँ। खाना बनाकर नहीं खिलाएगी?

"हाँ हाँ...क्यों नहीं।"

लड़की का दिल उछल-उछल कर छत छू रहा है। घबराहट में मेज़ से टकराते, मिट्टी का घड़ा फोड़ते बावली-सी रसोई में जाकर खाना पकाती है। लड़की मसाला पीस रही है, लड़की शोरबे के लिए सब्ज़ियाँ काट रही है, लड़की मेवे के डब्बे से सबसे अच्छे मेवे चुन रही है। आज वह अपनी ज़िन्दगी का सबसे अच्छा खाना बना रही है। खाना पकाते-पकाते लड़की बहार का मौसम बन गई है। पहाड़ फूलों से भर गया है। पंछी चहक-चहक कर पेड़-पेड़ मँडरा रहे हैं। हवा तितलियों को मिर्ज़ा-साहिबां का क़िस्सा सुना रही है और लालटेन वाला बूढ़ा अपना घर छोड़कर बाग़ में जा बैठा है...।

मसालों की ख़ुशबू से घर महक गया है और लड़का बाहर बैठा फ़ोन पर अपनी पत्नी से जल्दी लौट आने का वादा कर रहा है।

ख़ुदा ऊपर से देखकर बुदबुदाता है, "बेवकूफ़ लड़की।"

मेरी बात और है, मैंने तो मुहब्बत की है

लड़की और लड़का पाँच साल से एक-दूसरे के साथ थे, प्यार में थे और बेहद ख़ुश थे।

एक दिन लड़की ने लड़के से सकुचाते हुए कहा, "सुनो, तुमसे कुछ कहना था। कैसे कहूँ?"

लड़का किचिन में रोटियाँ बेलते-बेलते एक पल को रुका और रोटी पलटते हुए बोला, "ठीक ऐसे ही कह डालो जैसे गुडनाइट, गुडमॉर्निंग कह डालती हो।"

"मगर यह बात कहने में गुडमॉर्निंग जितनी आसान नहीं है।" लड़की की आँखें फ़र्श पर चिपकी थीं।

"मेरे लिए तुम्हारी कही कोई भी बात सुनना उतना ही आसान है... बोलो डार्लिंग।"

"मैं अब तुमसे प्रेम नहीं करती।"

लड़का रोटी पर घी लगा रहा था। अपना काम ख़त्म कर लड़की की ओर मुड़ा और उसके कंधे पर हाथ रखकर बोला, "ओके...इसमें कोई बड़ी बात नहीं है, चिन्ता की तो बिलकुल भी नहीं।"

लड़की सकुचाते हुए ही आगे बोली, "दरअसल मुझे किसी और से प्रेम हो गया है। मैं शर्मिंदा हूँ तुम्हें धोखा देने के लिए।"

लड़का दो पल एकदम ख़ामोश रहा फिर उसने लड़की को बाँहों में भरकर कुर्सी पर बैठाया और कहा, "किसने कहा कि तुमने मुझे धोखा दिया? तुम्हें मुझसे प्रेम हुआ, तुम मेरे साथ रहीं। अब तुम्हें किसी और से प्रेम है तो अब मेरे साथ रहना धोखा होगा, ख़ुद के साथ भी और मेरे साथ भी। जाओ, तुम जिससे प्रेम करती हो, उसके साथ जाओ।"

कहते-कहते लड़के की आँखों में पानी भर आया। लड़की भी रो पड़ी। लड़की को लड़के ने आख़िरी बार गले लगाया और दरवाज़े के बाहर तक हाथ हिलाकर विदा किया।

साल बीतते गए। जीवन की आख़िरी बेला में बीते समय की स्मृतियाँ प्रबल हो जाती हैं। लड़की अकेली बैठी अपने पूरे जीवन की प्रेम स्मृतियों से गुज़र रही है। लड़की ने जीवन में कई प्रेम किये। कई बरस अलग-अलग प्रेमियों के साथ गुज़ारे। पर अब उसे वही लड़का याद आ रहा था जिसने उसे बाँहों में भरकर विदा किया था। लड़की ने जब भी किसी प्रेमी को छोड़ा, किसी ने भी इस मुहब्बत और सहजता से उसे विदा नहीं किया था। लड़की ख़ुद भी किसी प्रेमी को यूँ विदा कहाँ कर पाई थी। हर बार झगड़ा, आरोप, रुसवाई, गुस्सा और इस सबके बाद कड़वी विदा। प्रेम का जीवन में आना जितनी सहजता से लिया जाता रहा, प्रेम का जाना उतनी सहजता से कोई न ले पाया।

'हमें कोई अब प्रेम नहीं करता' इतना यथार्थ सिर्फ़ इसलिए स्वीकार न हो पाता था कि ईगो पर चोट लगती थी। दुख बर्दाश्त हो जाता है, अहम पर चोट बर्दाश्त नहीं होती।

लड़की आख़िरी बरसों में थके बूढ़े क़दमों से न जाने कैसे चलती हुई उसी दरवाज़े के सामने आ खड़ी हुई है। ना...लड़की अकेलेपन से ऊबी हुई सहारा पाने नहीं आई है, न अब पछतावा ज़ाहिर करने या

माफ़ी माँगने आई है, लड़की आई है सिर्फ़ उसका चेहरा एक बार देखने के लिए जिसके लिए अब कलेजे में बेतरह हूक उठ रही है। अब ऐसा क्या है कि मन बार-बार उसके दर पर आ झुकता है। प्रेम लौटकर आया है मन में, ऐसे जैसे नदी की कोई धार बाहर से सूख जाए और भीतर बहती रहे अपनी उपस्थिति की झलक दिखाए बिना और एक दिन पूरे वेग से धरती पर उफ़न पड़े।

लड़की ने धड़कते दिल और काँपते हाथों से बेल बजाई। अन्दर से आवाज़ आई, "कौन है?" वही शान्त आवाज़ जो अब भारी और बूढ़ी हो गई थी।

लड़की ने क्षीण आवाज़ में कहा, "मैं हूँ।"

"दरवाज़ा खुला ही है। भीतर चली आओ।"

लड़की आवाज़ की दिशा में चलती हुई किचिन में पहुँची। लड़का आँखों पर चश्मा चढ़ाए चाय बना रहा था। लड़की की ओर देखे बिना ही बोला, "अभी भी शक्कर एक चम्मच ही ना?"

लड़की सिसक पड़ी।

"आज भी तुमसे बेहद प्रेम करती हूँ। रहा नहीं गया तो तुम्हें देखने चली आई।"

लड़के ने लड़की को सीने से लगाया और कहा, "इतनी आसान सी बात कहने में रोती क्यों है पगली? मुझसे प्रेम करती है तो रह मेरे साथ। दो प्रेम करने वालों को साथ रहना ही चाहिए।"

"अब कहीं नहीं जाऊँगी, प्रॉमिस।"

"जब जी चाहे चली जाना जान मेरी! शर्तों में मत बाँधो ख़ुद को। दुआ करो कि इस बार तुम्हें इतनी मुहब्बत दे सकूँ कि अब मुझे छोड़कर जाने को तुम्हारा जी न चाहे।"

लड़की कुछ न बोली। सीने से लगकर बस सिसकती ही गई। लड़का कुछ पल तो ख़ामोश खड़ा उसका सिर सहलाता रहा फिर वह भी फूट-फूट कर रो पड़ा।

दो चेहरों से दो नदियाँ बह निकली थीं जो एक-दूसरे के पानी से अपनी प्यास बुझा रही थीं। आँसुओं के नमक और मुहब्बत का शहद साथ लिये। फ़िफ्टी-फ़िफ्टी बिस्किट के स्वाद वाली, एकदम ज़िन्दगी की तरह।

तुम रहे न तुम, हम रहे न हम

"ऐसे क्या देख रही हो?"

"ना...कुछ नहीं।" लड़की ने झेंपकर नज़रें दूसरी तरफ़ फेर ली हैं। लड़की की निगाहें बड़ी देर से लड़के के चेहरे पर टिकी थीं, जैसे कुछ तलाश रही हों।

"तुम बताओ, कब तक हो इस शहर में?"

"कल शाम की फ़्लाइट से लौट जाऊँगा।"

"हम्म...फिर कब आना होगा।"

"पता नहीं...जब भी आऊँगा, तुम्हें बताऊँगा।"

एक लम्बी चुप्पी है। बस कॉफ़ी के सिप लेने की धीमी आवाज़ आ रही है। जगह वही पुरानी है जहाँ ढेर सारी बातों के बीच दोनों रोज़ कॉफ़ी पिया करते थे। वही दोनों, वही जगह, वही लाउंज के बाहर फैली पहाड़ियाँ। यहाँ तक कि बैरा भी वही। पर सब कुछ वही होते हुए भी सब अलग है। वक़्त अलग है, शायद उन दोनों के शरीर में, अब दोनों ही अलग हैं।

"अच्छा...एक बात पूछूँ? अगर सच-सच बताओ तो।"

"हाँ...पूछो।"

"तुम अब भी मुझे चाहती हो?"

"हम्म...हाँ भी और नहीं भी। मतलब यह सीधी बात में बताया जा सकने वाला जवाब नहीं है। पता है, अभी तुम्हारे चेहरे में मैं क्या ढूँढ़ रही थी। मैं पन्द्रह साल पहले वाले तुमको ढूँढ़ रही थी? सच कहूँ तो अभी वाली मैं उसे नहीं ढूँढ़ रही थी, पन्द्रह साल पहले वाली मैं उस लड़के को तलाश रही थी। कैसे बताऊँ कि इस वक़्त क्या महसूस कर रही हूँ। जो तुम आज मेरे सामने बैठे हो, तुम्हें मैं प्रेम नहीं करती लेकिन उस पुराने लड़के को मेरे भीतर की पुरानी लड़की आज भी टूटकर प्रेम करती है। ज़िन्दगी और मुहब्बत दोनों ही बड़ी अजीब शै हैं...देखो कैसे पेश आती हैं हमारे साथ। याद है...जब हम बिछड़े थे तब मैं बहुत गहरे डिप्रेशन में चली गई थी। तीन साल लगे मुझे उससे उबरने में। तब लगता था कि अब सब ख़त्म हो गया। इसीलिए मैं तुमसे फिर कभी नहीं मिलना चाहती थी। बरसों तक तुम्हारा ज़िक्र भी मुझे परेशान करता रहा। फिर धीरे-धीरे वक़्त सारे ज़ख़्म चुपचाप भरता गया। आज जो तुम मेरे सामने बैठे हो, तुम दरअसल वो हो ही नहीं जिससे मैं प्यार करती थी। तुम सचमुच कोई और हो जिससे मिलकर मेरे भीतर कोई हलचल नहीं होती, जिससे दूर होते हुए भी दिल ज़ोर-ज़ोर से नहीं धड़कता। तुम सामने बैठे बहाना बने हुए हो मुझे पुराने वक़्त में ले जाने का। अभी मेरी धड़कन बढ़ी हुई है लेकिन तुम्हारे लिए नहीं बल्कि अपने पुराने वक़्त को याद करके। मैं अभी भी एक साक्षी की तरह पुराने तुम और मैं को वहाँ रेलिंग पर खड़े पहाड़ी पर बरसात देखते देख रही हूँ। बाईस साल के दो प्रेमी...प्रेम में डूबे हुए। देखो...कितने सुन्दर दिखते हैं एक साथ। तुम्हारे गले लगने का मन नहीं करता...पर उन दोनों को गले लगे देख सुकून मिलता है।"

"नहीं...मैं ये नहीं समझ पा रहा। मैं तो अब भी वही हूँ।"

"नहीं...हमें लगता है कि हम वही हैं जो हम पिछले क्षण में थे पर सच तो ये कि हम हर पल बदल रहे हैं। ये बदलाव इतना धीमा होता

है कि बरसों बाद जाकर दिखाई देता है। तुम शायद ख़ुद का बदलना न महसूस कर पाए और न देख पाए लेकिन तुम्हारी आँखों में मेरे लिए जो प्रेम मुझे दिखाई देता था, वो अब वहाँ नहीं है बल्कि वो कहीं भी नहीं है। न तुम्हारी बातों में, न आँखों में, न स्पर्श में क्योंकि अब वो वहाँ नहीं है जहाँ होने से देह के सारे अंगों में उसकी झलक मिल जाया करती है...वह तुम्हारे दिल में ही नहीं है। इसलिए अब तुम वो नहीं हो जो पन्द्रह बरस पहले थे।"

"तुम मुझे ब्लेम कर रही हो क्या?"

"ना...ना, तुम तो एकदम ग़लत समझे। प्रेम का धीरे-धीरे हृदय से ख़त्म होते जाना उतना ही सहज है जितना कि उसका पैदा होना। कल था, आज नहीं है। न हम प्रेम अपने भीतर इंजेक्ट कर सकते और न उसे उखाड़कर फेंक सकते। प्रेम एक घटना है, क्रिया नहीं। हम उसके कंट्रोल में हैं डियर, वो हमारे कंट्रोल में कहाँ? सो जस्ट चिल...एक सहज प्राकृतिक घटना को ब्लेम करना ठीक वैसे ही है जैसे हम दिन उगने को ब्लेम करें या मौसम के बदलने को ब्लेम करें। और ठीक यही बात मेरे साथ भी तो हुई है। कब प्रेम मेरे दिल से धीरे-धीरे रीतता गया, पता ही नहीं चला। इसीलिए अब मैं भी वो नहीं हूँ जो पन्द्रह बरस पहले हुआ करती थी। सिर्फ़ प्रेम ही क्यूँ, बहुत कुछ बदला है हमारे भीतर। समझने की हमारी पूरी प्रक्रिया ही बदली है। प्रेम को अब मैं अलहदा तरीक़े से समझती हूँ। ब्रेकअप को अब मैं विदा कहना ज़्यादा पसन्द करती हूँ।"

"शायद तुम ठीक कहती हो। सच कहूँ तो अब तक मैं ख़ुद को इस बात के लिए गिल्टी मानता रहा था कि मेरे दिल में तुम्हारे लिए मुहब्बत ख़त्म हो गई थी और मैंने तुमसे शादी नहीं की।"

"तुमने एकदम ठीक किया था। उस वक़्त मैं इस बात को समझने के लिए तैयार नहीं थी कि ऐसे कैसे कोई हमें प्रेम करना बन्द कर सकता है। हालाँकि तुमने कभी ये बात कही नहीं कि तुमको मुझसे प्यार नहीं रहा मगर तुम्हारे व्यवहार में महसूस होता था। और तुमने अच्छा किया

कि बिना प्रेम के तुमने मेरे साथ ज़िन्दगी बिताने का फ़ैसला नहीं किया। यह ज़्यादा ख़राब होता और बेईमान भी।"

"ओह...आज तुमने मुझे एक अपराधबोध से बाहर निकाला है। और हाँ...अब मुझे चलना चाहिए वरना अब मुझे तुमसे दुबारा प्यार होने के पूरे चांसेज हैं।" लड़का एक लम्बी साँस लेने के बाद खुलकर मुस्कराया था।

"चांसेज तो कुछ भी हो सकते हैं। घटना ही तो है, दुबारा, तिबारा घट सकती है। लेकिन अभी हम ऑलरेडी किन्हीं दो दूसरे साथियों के साथ इश्क़ में हैं, सो अभी कोई आसार नज़र नहीं आते।" लड़की भी एक होंठ दबाए मुस्कराती हुई कह रही थी।

"लेकिन हाँ...वो दिन मेरे दिल के बहुत क़रीब हैं। अक्सर यहाँ आती हूँ हमारे शक्लों के उन दो प्रेमियों को देखने जो यहाँ अपनी शाम आज भी साथ बिताते हैं।"

"चलता हूँ अब....ख़याल रखना अपना।" लड़के ने लड़की का कंधा थपथपाया है।

दोनों ने हल्का-सा हग किया है एक-दूसरे को और लड़का चला गया है।

लड़की एक कॉफ़ी और ऑर्डर करने के बाद रेलिंग पर कोहनी टिकाकर उस पहाड़ी को देख रही है जिस पर अभी-अभी बारिश के बाद सुनहरी धूप खिल आई है।

तेरी बेरुख़ी और तेरी मेहरबानी

लड़का लड़की के लिए कुछ ज़्यादा ही पज़ेसिव था। लड़की के सारे लड़के दोस्तों से चिढ़ने वाला। बात-बात पर लड़की से तुनककर रूठ जाने वाला। लड़की आज़ाद-ख़याल थी। लड़कियों से ज़्यादा याराना उसका लड़कों से रहा।

पर नामुराद लड़की प्रेम में धुत्त थी। लड़के की बातों में, उसकी ख़ुशबू में, उसकी आँखों में, उसके ग़ुस्से में, उसकी तकरार में, बस उसके प्रेम में मगन। उसने सभी लड़कों से बात करना छोड़ दिया। लड़कियों की दुनिया में रमने लग गई।

लड़की ख़ुश थी। लड़के पर ग़ुस्सा करके भी ख़ुश थी। लड़के की चार बातें सुनकर भी ख़ुश थी। लड़के से झगड़कर भी ख़ुश थी। लड़की ख़ुश थी कि लड़का उससे प्रेम करता है।

प्रेमी कमबख़्त हर जगह सिर्फ़ प्रेम ढूँढ़ते रहते हैं। प्रेमी के हर शब्द में, हर तोहफ़े में, चेहरे की हर हरकत में, फ़ोन रखते हुए ली गई ठंडी साँस में, विदा होते वक़्त लिये गए चुम्बन में। कहीं भी प्रेम अनुपस्थित

मिला और दिल काँप उठता है पत्ते की तरह। लड़की को पज़ेसिवनेस भी प्यारी है क्योंकि प्रेम से उपजी है।

"वो मुझसे प्रेम करता है। पज़ेसिवनेस अच्छी बात तो नहीं, पर क्या सिर्फ़ एक ख़राब बात के लिए उसे छोड़ दूँ। होता है अक्सर। प्रेम में ज़्यादातर लोग पज़ेसिव होते ही हैं।" अक्सर सहेलियों के उलाहने पर जवाब देती और फिर पहुँच जाती लड़के के पास।

लड़की के एक बचपन के दोस्त से लड़का सबसे ज़्यादा जलता। सीने में अंगारे भर उठते जब लड़की के पास उसके दोस्त का फ़ोन आता।

लड़की ने उससे भी बात करना बन्द कर दिया। उसे सिर्फ़ उसका तुनकमिज़ाज लड़का चाहिए था। और लड़का भी वो जिसने उससे प्रेम की शुरुआत में ही कह दिया था कि शादी न कर पाएगा। कोई कमिटमेंट नहीं कर पाएगा।

"ठीक है, मत करना।" लड़की ठसक से जवाब देती।

लड़की सिर्फ़ प्रेम में जीना जानती थी। भविष्य की परवाह में प्रेम में मिले इन पलों को नहीं गँवा सकती थी। वह जानती थी कि हो सकता है अगले साल इसी दिन, इसी वक़्त, इसी लम्हे में लड़के की कार की फ्रंट सीट पर कोई और बैठी होगी। यह सोचकर तो लड़के को अपने सीने में और ज़ोर से भींच लेती।

"अभी ये मेरा है। अभी मैं इसके प्रेम में इसके साथ हूँ। इससे ज़्यादा कुछ नहीं सोचूँगी।"

लेकिन ईश्वर जिन इनसानों को इश्क़ की मिट्टी में आँसू मिलाकर गूँथता है, वो दुनिया के सबसे बड़े आत्महन्ता होते हैं। संसार उन्हें बेशक बेवकूफ़ कहता है, पर ख़ुदा जानता है कि वे थोड़े से लोग ही दुनिया में भोलेपन और सरलता की सुन्दरता बचाए हुए होते हैं।

दिन मानसून के बादलों की तरह बरसते रहे, उड़ते रहे। एक दिन लड़के की सगाई के साथ ही मानसून की विदा की औपचारिक घोषणा

हो गई। सगाई के एक दिन पहले लड़के ने लड़की को फ़ोन किया। लड़की बस में अपने शहर जा रही थी। बैठने को जगह नहीं मिली थी तो रॉड पकड़कर खड़ी थी और लड़के से बात कर रही थी—

"सुन...अच्छे से रहना।"

हम्म...

"जल्दी शादी कर लेना तू भी।"

हम्म...

"अब मैं तुझसे ज़्यादा बात नहीं कर पाऊँगा।"

हम्म...

"और सुन...अपने बचपन के दोस्त से बातचीत दोबारा शुरू कर देना।"

इतना सुनते ही लड़की के मन में कुछ चटाक से दरककर टूट गया। ऐसा कुछ जो सगाई की ख़बर से भी नहीं टूटा था, उसकी शादी की कल्पना से भी नहीं टूटा था, उसके हमेशा के लिए दूर जाने से भी नहीं टूटा था।

लड़की की बस ने एक झटका खाया। शायद ड्राइवर ने ब्रेक लगाया था। पास वाली सीट पर से कोई उतरा था जिसने बस शुरू होने से पहले ही रूमाल डालकर सीट रोक ली थी। उतरते-उतरते लड़की से कह रहा था—

"अब आप चाहो तो बैठ जाओ, सीट ख़ाली कर दी मैंने।"

"अब तू अपने दोस्त से बात करना शुरू कर देना।"

लड़का अब भी फ़ोन पर था।

"हाँ, अब तक सीट तुम्हारी थी। तुम किसी को टिकने भी नहीं दे रहे थे। अब तुम उतर गए तो कोई भी बैठे, तुम्हें समस्या नहीं है। अब सीट तुम्हारी नहीं है।" लड़की अस्फुट स्वर में बे-ध्यानी में कह रही थी।

"जी, मुझसे कुछ कहा आपने?" सहयात्री उतरते-उतरते चौंका।

"नहीं..."

"क्या बोल रही है?" फ़ोन के उस पार से आवाज़ आ रही थी।

लड़की ने बिना कुछ कहे फ़ोन रख दिया था। लड़की उस ख़ाली सीट पर नहीं बैठी थी। खड़े-खड़े ही अपने शहर पहुँची थी। लड़की की आत्मा की शाख पर एक पत्ता बुरी तरह काँप रहा था।

लड़का कभी जान ही नहीं सका कि उसने तो दरियादिली दिखाई थी, लड़की चटककर टूट कैसे गई।

लड़का आज भी नहीं जानता कि प्रेमी बड़े से बड़े तूफ़ानों में सर उठाए खड़े रह जाते हैं क्योंकि हर शै में सिर्फ़ प्रेम टटोलते प्रेमी उस तूफ़ान में भी एक तिनके बराबर प्रेम खोज लेते हैं। लेकिन एक सबसे कोमल फूल से भी प्रेमी मन घायल हो उठता है कि उस फूल में ख़ुशबू है, सबसे मखमली स्पर्श है, दिल लुभाने वाले रंग हैं पर प्रेम नहीं है।

और लड़का ये भी नहीं जानता कि प्रेम इतना अधिक मज़बूत है कि सदियों का बिछोह भी झेल जाए और इतना कोमल है कि बातचीत में ज़रा से तकल्लुफ़ के दख़ल से भी आहत हो जाए।

लड़की आज भी प्रेम खोजती फिरती है।

प्रेमी के शब्दों में, स्पर्शों में, नज़रों में, तोहफ़ों में, गालियों में, छोटी तकरारों में, दो पल की मुलाक़ातों में, बरसों के विरह में।

प्रेम दिख जाए तो जी उठती है। प्रेम न दिखे तो मर जाती है।

जिस दिल पे नाज़ था मुझे वो दिल नहीं रहा

"क्या हम दोबारा एक साथ ज़िन्दगी शुरू नहीं कर सकते?" लड़का लड़की के दोनों हाथ अपने हाथों में थामे भर्राए ग़ले से कह रहा था।

"प्लीज़...बेहद प्यार करता हूँ तुमसे। पुरानी ग़लतियों के लिए मुझे माफ़ कर दो। तुमसे दूर रहकर एहसास हुआ है कि मैंने क्या खो दिया। इतने सालों में मैं भी जैसे अन्दर से ख़ाली हो गया था। तुम्हारे सिवाय किसी और को चाहा भी नहीं। अब नहीं रह सकता तुमसे और अलग। मान जाओ प्लीज़।"

लड़का लड़की से अनुनय कर रहा था।

लड़की बुत बनी बैठी थी। सूखी आँखें, ख़ाली चेहरा जिसमें कोई भाव उपस्थित नहीं था। चेहरे पर एक शून्य-सा पसरा हुआ।

"दूर नहीं रह सकते थे तो गए ही क्यूँ थे?"

लड़की ने सीधा प्रश्न किया था।

"दुनियादारी में उलझ गया था। तब पहचान ही नहीं पाया ख़ुद को। नहीं जान पाया था कि दरअसल मेरी असली ख़ुशी कहाँ है? अब

जान पाया हूँ। तुमसे अलग मैं हूँ ही नहीं। तुम हो तो मैं हूँ। प्लीज़, मान जाओ ना।"

"दस बरस लगे तुम्हें ख़ुद को जानने में। मगर अब मैं अकेले जीना सीख गई हूँ। मुझे नहीं रहना अब किसी के भी साथ।"

"तुम्हारी ज़िन्दगी में कोई और आ गया है क्या? अगर ऐसा है तो मैं चुपचाप चला जाऊँगा। तुम्हारी ज़िन्दगी में दख़ल नहीं दूँगा।"

"नहीं...मेरी ज़िन्दगी में कोई भी नहीं है।" लड़की ने लड़के की आँखों में देखते हुए दृढ़ता से कहा।

"तो फिर क्या अब तुम मुझसे प्रेम नहीं करतीं? या नाराज़ हो मुझसे?"

"प्रेम...प्रेम तो अब भी सिर्फ़ तुमसे ही करती हूँ। पर पता नहीं लेकिन कुछ तो मर गया है भीतर। शायद वह प्रेम नहीं है, यक़ीनन प्रेम नहीं मर सका है। मर गई है तुम्हारे साथ की इच्छा। विश्वास करो, मैं तुमसे बदला लेने के लिए तुम्हारे प्रस्ताव को नहीं ठुकरा रही। मैं बेईमान नहीं हो सकती। तुम्हारे प्रति शायद एक बार हो जाऊँ पर ख़ुद से बेईमानी नहीं करूँगी। बेमन से तुम्हारे साथ रहकर ख़ुद से अन्याय नहीं करूँगी। प्रेम मर जाता तो जीवन शायद ज़्यादा आसान होता। साथ नहीं चाहिए अब तुम्हारा। जब तुम चले गए थे तब बहुत रोई थी। समझ नहीं आता था कि कैसे तुम्हें वापस बुलाऊँ। उन दिनों तुम्हारे साथ की इच्छा से दूर भागने के लिए वाइन से लेकर नींद की गोलियों तक का सहारा लिया। कितना रोती...आख़िर धीरे-धीरे सँभलने लगी। अपने लिए, अपने साथ जीना सीखने लगी। अब किसी से कोई उम्मीद नहीं। यह अजीब है लेकिन सच यही है कि तुमसे प्रेम होते हुए भी तुम्हारा साथ नहीं चाहिए अब मुझे। हाँ...जिस दिन तुम्हारे साथ रहने की उत्कट इच्छा जाग गई, ख़ुद तुम्हारे पास चलकर आऊँगी और तुम्हारे आगे बाँहें फैलाकर खड़ी हो जाऊँगी। उस पल तुम्हारा जो भी निर्णय होगा वो मेरे सर माथे होगा। अगर उस पल तुम साथ न रहना चाहो तो मना कर देना। पर प्लीज़ अभी मेरे फ़ैसले का सम्मान करो।"

लड़की एक साँस में कह गई थी।

लड़के ने एक गहरी साँस ली थी और उठ खड़ा हुआ था।

"मैं इन्तज़ार करूँगा।"

लड़का थके क़दमों से वापस चल दिया था। हल्की बारिश शुरू हो गई थी। लड़की लड़के को ओझल होने तक देखती रही थी और फिर अपनी डायरी खोलकर लड़के को ख़त लिखने लगी थी। उन सारे ख़तों में एक ख़त और जुड़ गया था जो लड़के को लिखे गए थे पर कभी भेजे न गए थे।

सच तो ये है फूल का दिल भी छलनी है

लड़की का ब्रेकअप हो चुका था। ब्रेकअप उस रिश्ते से, जो एक साल की उम्र भी पूरा नहीं कर पाया था, जिसमें रहते हुए लड़की हर रोज़ प्यार में थोड़ा और गहरे डूबती जाती, जिसमें रहते हुए वह लड़के से अलग होने की कल्पना मात्र से भयभीत हो उठती, जिस रिश्ते को उसने सारी विपरीत परिस्थितियों के बावजूद ज़िन्दगी भर के लिए चुना था। ऐसे रिश्ते से उसे अलग होना पड़ा क्योंकि लड़के को यह रिश्ता सहूलियत भरा नहीं लग रहा था और उसे कुछ दिनों में ही लगने लगा था कि वह निभाने में असमर्थ है। तो उसने साहस और समझदारी के साथ लड़की से बात करके इस रिश्ते को ख़त्म करने के बजाय अपने रूखे व्यवहार से लड़की को मजबूर कर दिया कि वह ख़ुद ही रिश्ते से बाहर निकल जाए।

लड़की हर पल उसके व्यवहार से आहत होती, बार-बार उससे ऐसा करने का कारण पूछती, कभी ख़ुद को ही इल्ज़ाम देती कि शायद उससे ही कोई ग़लती हो गई है जो चन्द महीनों पहले प्यार की क़समें खाने वाला लड़का इतना बदल गया, बार-बार लड़के से मिलने की गुहार

करती, लेकिन लड़के के चट्टान मन पर उसका हर आँसू बे-असर था। अन्त में लड़की चुपचाप लड़के से अलग हो गई।

लड़के को लगता था कि लड़की समझदार है, मस्त-मौला और यारबाश है। कुछ ही दिनों में मूव-ऑन कर जाएगी। लड़की ने भी अलग होने के बाद से लड़के से कभी सम्पर्क नहीं किया तो उसे लगा कि लड़की ब्रेकअप की तकलीफ़ से बाहर निकल चुकी है और उसे भूल चुकी है।

लड़के को कई बरसों तक ऐसा लगता रहा। फिर एक दिन कोरोना ने लड़की को दर्द और जीवन दोनों से आज़ाद कर दिया और लड़की की सहेली ने उसकी डायरी ले जाकर लड़के के हाथों में थमा दी।

अब लड़का देर रात लड़की की राइटिंग में लिखे उन पन्नों को पढ़ रहा है जो अलग-अलग बरसों की अलग-अलग तारीख़ों में लिखे गए थे—

—❀—

अब यह दर्द बर्दाश्त नहीं होता। मैं जल्द से जल्द मूव ऑन करना चाहती हूँ। मूव ऑन करने का अर्थ प्रेम से निकलना नहीं है मेरे लिए। फ़क़त उस दर्द से जो रेशम के कीड़े की मानिंद दिन-रात दिल को कुतर रहा था, निजात पाना है। मेरे लिए हमारे प्रेम के दिनों में ये कल्पना करना भी तकलीफ़देह था कि जिस प्रेम में होते हुए तुम्हारे साथ रिटायरमेंट के बाद की भी प्लानिंग कर ली थी, महज़ चन्द महीनों बाद उसी से बाहर आना है...लेकिन तुम्हारे साथ रिश्ते में रहते हुए आत्मसम्मान लगातार छलनी हो रहा था, मन आहत हो रहा था। यह ज़्यादा तकलीफ़ देने वाला दर्द था।

दो दर्दों में से मैंने कम तकलीफ़ वाला दर्द चुना है।

—❀—

ऑफ़िस में इन दिनों मेरा वॉशरूम जाना बढ़ गया है। नल चालू रखकर फूट-फूट कर रोती हूँ और आकर अपनी फ़ाइलें निपटाती हूँ। मेरे कुलीग्स

पूछते हैं आजकल कि क्या मुझे चश्मा लग गया है? क्या बताऊँ उनको। बस हाँ में सर हिलाती हूँ और उनके जाने के बाद चश्मा निकालकर आँखें पोंछती हूँ और दुबारा चश्मा चढ़ा लेती हूँ। एक मामूली-सा चश्मा और एक मामूली-सा नल मेरे लिए आजकल मामूली नहीं रह गए हैं।

मुझे लगता है मैं सचमुच हिम्मती हूँ। आज तक ऑफ़िस में कोई नहीं जान पाया कि इतने महीनों तक गहरे अवसाद में मैंने बिना एक भी छुट्टी लिये काम किया है। अपने बारे में यह एक्सप्लोर कर लेना भी शायद दुख की देन है।

—❀—

रातें जैसे अजगर हैं जो पूरे बदन को गिरफ़्त में लिये रहती हैं। बदन जकड़न में बिस्तर पर जागता रहता है, आँखें मुसलसल बहती रहती हैं और दिल तेज़ी से धड़कते हुए दुखता रहता है। दिल का दुखना पूरे बदन के दुखने से कई गुना ज़्यादा भारी है।

कई-कई घंटे मोबाइल स्क्रीन को ताकती रहती हूँ कि शायद एक मैसेज आ जाए। ये उम्मीद भी कितनी बुरी शय है।

सुबह आँख लगती है तो सपने में तुम मुस्कराते हुए आ जाते हो। शायद सिर्फ़ सपने में ही मैं भी मुस्कराती हूँ। नींद टूटते ही वही हाथ-पैर सुन्न और गले में रोने का सामान इकट्ठा। कई बार लगता कि ये दुख एक सपना है, ये रातों को जागना भी सपने में चल रहा है। अभी नींद खुलेगी और तुम्हारा good morning का मैसेज मोबाइल पर झिलमिला रहा होगा, एक टाइट हग के साथ। लेकिन बदक़िस्मती से सब सच है... सपना तो शायद वो फ़ेज़ था जो हमने साथ में ख़ुशी-ख़ुशी गुज़ारा था और जो कब का बीत चुका था।

मेहदी हसन, जगजीत सिंह और बेगम अख़्तर से नाता टूट गया है। वही ग़ज़लें जो लगातार लूप में बजती थीं, अब कहीं दूर भी सुनाई दे जाएँ तो गला भर आता है। उन सारे लोगों को जो फ़ेसबुक पर प्रेम पर

कमाल लिखते थे, अनफ़ॉलो कर दिया है। उनमें से कई बहुत अच्छे दोस्त हैं। प्रेम पर कुछ भी पढ़ना ऐसे गुज़रता है दिल पर मानो किसी भरते हुए घाव को गर्म चाक़ू से बेरहमी से कुरेद दिया हो। और तुम इस सबसे अनजान अपनी ज़िन्दगी में मगन हो।

कभी सोचती हूँ कि गुलज़ार की ये पंक्तियाँ सच हो जाएँ—

कभी किसी रोज़ यूँ भी होता, हमारी हालत तुम्हारी होती
जो रात हमने गुज़ारी मर के, वो रात तुमने गुज़ारी होती

मैं तुम्हें बताना चाहती हूँ कि मैं कितनी तकलीफ़ में हूँ। पर जानती हूँ कि तुम्हारे पास सुनने का न तो वक़्त है और न कोई ख़्वाहिश। पर फिर भी मैं तुम्हें बताना चाहती हूँ कि हमारे रिश्ते के ख़राब दौर से ही रोज़ रात तुम्हें एक ख़त लिखकर ड्राफ़्ट में सेव कर देती थी। मेरे ये तुम्हें न भेजे गए ख़त उन ख़तों से ज़्यादा मानीख़ेज़ हैं जो मैंने तुम्हें भेजे थे। मैंने तुम्हें बताया भी था एक बार कि ढेर सारे ख़त मैंने तुम्हें लिखे हैं पर कभी भेजे नहीं क्योंकि तुम्हारी ज़िन्दगी में उन ख़तों की कोई ज़रूरत न बची थी।

काश...तुमने कभी कहा होता हक़ से कि "वो मेरे ख़त हैं...तुम उन्हें मुझसे दूर नहीं रख सकतीं। लाओ मेरे ख़त, मुझे पढ़ने हैं।"

—❀—

उदासी का समन्दर देखा है कभी तुमने? उदासी का पहाड़? या उदासी का जंगल?

मैं उदासी के यूनिवर्स में भटक रही हूँ। कोई अन्त नहीं...दूर-दूर तक नहीं। एक आकाशगंगा पार करो तो कोई साइंसदान बता जाए कि ऐसी करोड़ों हैं। और मैं तीसरी बार इस वीराने में भटक रही हूँ।

तीसरी बार...कैन यू इमैजिन? तीन बार दिल का टूटकर चकनाचूर होना, तीन बार दिल पर गहरे ज़ख़्म होना, तीन बार मरना।

एक दिन लगता है कि बस अब सब ठीक हो गया है और अगले ही दिन फिर वही उदासी। मुझे नफ़रत है इस शब्द से। साली उदासी... फ़किंग ब्रूटल उदासी।

कितनी-कितनी बार जी चाहता है कि तुम्हें फ़ोन कर लूँ या एक मैसेज कर दूँ या सीधे तुमसे मिलने पहुँच जाऊँ तुम्हारे ऑफ़िस। शायद कर भी लेती तुम्हें फ़ोन कि एक ही जीवन है यार। चलो सब ठीक करते हैं, साथ रहते हैं। पर दिल इस कल्पना से ज़्यादा भयभीत हो जाता है कि तुमने फिर से बेरुख़ी दिखाई तो शायद दिल अब बर्दाश्त नहीं कर सकेगा।

पता है...? तीन बार का ठुकराया मन मज़बूत होने की जगह और ज़्यादा कमज़ोर हो जाता है।

ओह...ये दिन। ये भयावह दिन। दिल और दिमाग़ के बीच मुसलसल चलती जंग के दिन। ऐसी जंग जिसमें हर तरह से हार मेरी ही है, ज़ख़्म मुझे ही लग रहे हैं, घायल मैं हो रही हूँ। मैं ख़ुद को ढूँढ़ रही हूँ।

मैं मिसिंग हूँ मुझमें से।

—❀—

जानते हो...?

तकलीफ़ इस बात की नहीं है कि हम अलग हो गए, तकलीफ़ इस बात की है कि तुमने मुझे अलग कर दिया। और सबसे तकलीफ़देह है ठीक उन्हीं दिनों में तुम्हें जीवन के उल्लास से भरपूर ख़ुशियाँ मनाते देखना।

मूव-ऑन की प्रोसेस दोनों के लिए बराबर वक़्त लेने वाली होना चाहिए, बराबर तकलीफ़देह भी। शायद होती भी होगी, जब प्रेम बराबर का होता होगा तब।

काश...काश...तुमने भी मुझे प्रेम किया होता।

—❀—

कभी-कभी सोचती हूँ कि उन दिनों ने मुझे बहुत कुछ दिया। सबसे पक्के दोस्त, रिश्तों को सोच-समझ कर चुनने की सलाहियत और सबसे बढ़कर

ये विश्वास कि सब बीत जाता है...हाँ सब। सबसे तकलीफ़ भरे दिन भी।

और प्रेम? नहीं...वो नहीं बीतता।

—❀—

अब दिन-रात रोना नहीं आता। तुम्हारे चेहरे के नक्श की बारीक़ियाँ भूलने लगी हूँ। तुम्हारी देह के तिल स्मृति की गिरफ़्त से छूटने लगे हैं। अब तुम्हारी प्रोफ़ाइल चेक नहीं करती। लोगों से मिलने-जुलने लगी हूँ। हँसती हूँ पेट पकड़-पकड़ कर, नाचती हूँ सहेलियों के साथ, घूमने जाती हूँ, डिप्रेशन की दवाएँ लेना भी बन्द कर दिया है।

दोस्त कहते हैं कि अब तुम मूव ऑन कर गई हो। मैं मुस्करा देती हूँ।

शायद मूव ऑन करने के बाद भी प्रेमी का ख़याल एक पल को भी साथ नहीं छोड़ता होगा। शायद मूव ऑन करने के बाद भी वह रोज़ सपने में आता होगा, रोज़ उससे मिलने की हूक उठती होगी। शायद मूव ऑन करने के बाद भी आँखें भर देने को एक गाना ही बहुत होता होगा। शायद मूव ऑन करने के बाद भी बारिश का मौसम उदास करता होगा, हर दुआ में उसका नाम बेसाख़्ता ही आकर शामिल हो जाता होगा। शायद इसी को मूव ऑन करना कहते होंगे।

हाँ...मैं मूव ऑन कर गई हूँ। सुन रहे हो ना तुम...मैं मूव ऑन कर गई हूँ।

—❀—

पढ़ते-पढ़ते लड़के की आँखों से आँसू बह निकले हैं। वह इन पन्नों को बार-बार पढ़ता है और रोता जाता है।

दुख से ज़्यादा ख़ानाबदोश और कोई नहीं होता। यह अपना आशियाना ख़ुद चुनता है और उस घर में रहने की मियाद भी। अब इसने लड़के के हृदय में आकर डेरा जमा लिया था, पता नहीं कितने वक़्त के लिए।

इक घड़ी और ठहर के जां बाक़ी है

"तू तो बड़ी बहादुर बनती थी! कितनी अकड़ से बताती थी कि पैर में बिना एनेस्थीसिया दिए टाँके लगे, तब भी नहीं रोई। दीदी की विदाई के वक़्त भी नहीं रोई, साइकिल से गिरकर घुटने छिलवा लिये, तब भी नहीं रोई। तो अब कहाँ गई तेरी बहादुरी?"

लड़की का चेहरा दोनों हाथों में भरे लड़का उलाहने भरे अन्दाज़ में क़ह रहा था।

"पता नहीं कहाँ गई? आज से ज़्यादा कमज़ोर तो पहले कभी ख़ुद को महसूस ही नहीं किया।" लड़की की लबालब भरी आँखों का बाँध टूट गया और अथाह पानी लड़के की दोनों हथेलियों के बीच समाने लगा।

"ऐसे न कर यार! तुझसे तो मैं मज़बूती पाता रहा हूँ हमेशा। तू ऐसे करेगी तो तुझसे विदा न ले पाऊँगा।"

"विदा तो लेनी ही होगी। यह तो तय है। सोचकर आई थी कि नहीं रोऊँगी और इन आख़िरी पलों को इस तरह बिताऊँगी तुम्हारे साथ कि आख़िरी याद में मैं दोनों को एक साथ हँसते-मुस्कराते हुए देखूँ। पर नहीं हो पा रहा यार...।"

"कोई नहीं...नहीं हो पा रहा तो ज़बरदस्ती मत कर ख़ुद के साथ।" लड़का बचपन से रोना रोकने का अभ्यस्त था हर मर्द की तरह। आज भी रोक लिये थे अपने आँसू।

"चल अच्छा...एक ग़ज़ल सुना दे आख़िरी बार।"

"तुम पागल हो। ऐसी भर्राई आवाज़ में क्या सुना पाऊँगी।"

"तो चल एक कनपुरिया जोक सुना दे।" लड़के ने कानपुरी लहज़े में लड़की की चुटकी ली।

आँसू भरे चेहरे के बीच मुस्कराहट का एक मोगरा खिल उठा।

"बहुत मारूँगी तुमको...पागल कहीं के।" लड़की ने कस के एक मुक्का जड़ दिया लड़के की पीठ पर।

"सचमुच एक ग़ज़ल सुना दे न...प्लीज़।"

लड़की थोड़ी देर ख़ामोश रही फिर उसकी उदास गुनगुनाहट कमरे में नर्म धूप की तरह फैलने लगी।

शब के चेहरे पे चढ़ा रंग सवेरे का तो क्या
ढलते ख़्वाबों में अभी अपना जहाँ बाक़ी है

इससे ज़्यादा लड़की से न गाया गया। रेखा भारद्वाज की ख़लिश भरी मदहोश आवाज़ में ये ग़ज़ल दोनों की धड़कनें बढ़ा दिया करती थी। अक्सर देर शाम को लड़का जब लड़की के घर आता तब लैम्प की मद्धम रोशनी और लेमनग्रास की ख़ुशबू से महकते कमरे में इसी ग़ज़ल को लूप में सुनते हुए लड़की कोई किताब पढ़ती मिलती थी।

"अगला शेर गाओ ना...रुक क्यों गईं?"

"नहीं गाया जाता...।"

लड़का जो अब तक मर्द बना आँसू रोक रहा था, लड़की के काँधे पर ढह गया।

"मुझसे नहीं गाया जाएगा अब...चलो एक बार फिर साथ में इसे सुनते हैं।" भर्राए कंठ से लड़की ने ब्लूटूथ स्पीकर पर ग़ज़ल चला दी है।

लड़का रोता है तब जाकर लड़की की मज़बूती लौटकर आती है। उसे लड़के को टूटकर बिखरने भी देना है और फिर सँभालना भी है। ठीक वैसे जैसे कम उम्र में अनाथ हुए छोटे बच्चे को सबसे बड़ी बहन या भाई बनकर अपने छोटे भाई-बहनों को दिलासा देना हो।

"सुनो बच्चे...हम दिमाग़ से विदा ले रहे हैं। दिल से नहीं। जानते हो न तुम। हालाँकि दिन पर दिन बढ़ते प्रेम के साथ विदा लेना बेहद मुश्किल है, पर हमें ये करना ही होगा। तुम्हीं ने तो कहा था न कि यह रिश्ता हमें दुख दे रहा है तो रिश्ते से निकल जाते हैं, प्रेम में रहते हैं।"

"हाँ...रिश्ते में रहते हुए मेरी परिस्थितियाँ मुझे विवश कर रही थीं। न तुम्हें वक़्त दे पा रहा था और न तुम्हारी ज़रूरत में तुम्हारा साथ दे पा रहा था। मेरे साथ रहते हुए तुम्हें सिर्फ़ दुख ही मिल रहा था।"

"समझती हूँ मैं...तुमसे मिलने की तलब, बात करने की ख़्वाहिश और तुम्हारा साथ पाने की तमन्ना मेरे दिल में नागफनी की तरह उग आई थीं जो तुम्हें और मुझे दोनों को घायल कर रही थीं। तुम अपने मन पर मुझे सारा अधिकार दे चुके थे मगर तुम्हारे वक़्त पर मेरा कोई अधिकार न था। मैं अपनी ख़्वाहिशें कम तो कर सकती थी पर ख़त्म नहीं कर सकती थी। मैं अवसाद में जा रही थी और मुझे देख तुम भी कष्ट ही पा रहे थे। इसलिए चाहे लाख दुख पहुँचे पर फ़ैसला तो यही सही है कि इस रिश्ते से निकल जाते हैं।"

"मुझसे मिलोगी या नहीं कभी?"

"पता नहीं, आगे हम मिलेंगे या नहीं, मिलेंगे तो दोस्त बनकर या प्रेमी बनकर? कुछ नहीं जानती आज मैं। हो सकता है आगे कभी हम बिना तकलीफ़ के दोस्तों की तरह रह पाएँ। अभी से कुछ नहीं कह सकती। वक़्त ही तय करेगा...उसी पर छोड़ते हैं।"

"एक बात और...।"

"न...अब कुछ नहीं। बस गले लगकर बैठे रहो कुछ देर।" लड़की ने उसके होंठों पर अपनी पसीजी हथेली रख दी।

दोनों एक-दूसरे से कसकर गले लगकर बैठे हुए थे मानो एक-दूसरे को हमेशा के लिए ख़ुद में समा लेना चाहते हों। जाने का वक़्त हो गया था।

लड़की ने लड़के के होंठों को एक बार कसकर चूमा था और कान के समीप आर्द्र और एकदम धीमे स्वर में फुसफुसाते हुए बोली थी, "पता है धर्मवीर भारती की प्रेयसी ने उनके कान में एक बार इतना कहा था कि जितने तुम मेरे हो, उतने किसी और के नहीं। और इतने भर से धर्मवीर भारती प्रेम में अपना सर्वस्व दे बैठे। आज यही मुझे कहना है—सुनो जानां...जितने तुम मेरे हो, उतने किसी और के नहीं।"

इतना कहकर लड़की चल दी थी। हाँ...जाते-जाते आख़िरी बार पलटकर मुड़ी थी और लड़के के हाथों को अपने हाथ में लेते हुए बोली थी—

"सुनो, एक वादा करो मुझसे...जब भी तुम तकलीफ़ में हो और तमाम भीड़ के बीच भी लगे कि तुम्हें सिर्फ़ और सिर्फ़ मेरी ज़रूरत है तो सब कुछ भूलकर पुकार लेना मुझे। दुनिया में कहीं भी रहूँ, तुमसे बस एक कॉल की दूरी पर हूँ।"

लड़का अपने होंठ चबाता हुआ बमुश्किल बोल पाया था, "पक्का वादा लेकिन क्या अब हम कभी साथ नहीं रह पाएँगे?"

"हमेशा साथ रहेंगे लेकिन एक-दूसरे के मन में याद और हूक बनकर। हमारे जीवन में प्रेम का यही रूप लिखा है।" लड़की तेज़ क़दमों से बाहर निकल गई थी।

कुछ सेकेंड बाद कमरे में लड़का अकेला बैठा था। जो कुछ बीता था, एक स्वप्न बन चुका था जो अब न लौटाया जा सकता था और न दोहराया जा सकता था, बस उसे याद किया जा सकता था।

लड़का यूँ बैठा था जैसे जिस्म से ख़ून निकाल लिया हो किसी ने। सन्न, निर्विकार।

सूने कमरे में गूँज रही थी एक आवाज़ जो गुँथी हुई थी अदृश्य आँसुओं से—

इक घड़ी और ठहर के जां बाक़ी है
तेरे लब पे मेरे होने का निशाँ बाक़ी है

मैं फ़िज़ाओं में बिखर जाऊँगा ख़ुशबू बनकर

नवम्बर का महीना है। कश्मीर घाटी में चिनार के पत्तों का शाख़ों से विदा लेने का महीना। कश्मीर की सफ़ेद वादियों पर चिनार के ख़ूबसूरत लाल पत्ते बिखरे हुए हैं। एक बड़े से चिनार के तले लड़की बैठी हुई है। लाल पत्तों के गलीचे पर अकेली बैठी, कुछ सोचती हुई। लड़की का चेहरा शान्त है मगर आँखें हज़ार तरीक़ों से बोल रही हैं। लड़की अचानक कभी कुछ सोचकर मुस्करा उठती है, फिर अचानक उसकी आँखें डबडबा उठती हैं। लड़की हिलती है तो पत्तियाँ चरमरा उठती हैं।

बहुत देर से एक कश्मीरी युवती उसे देख रही है।

'कश्मीर की तो नहीं लगती। कहाँ से आई है, अकेले इस तरह क्यों बैठी है इतनी देर से?'

युवती लड़की के पास जाकर बैठ गई है। थोड़े परिचय के बाद दोनों में बातें शुरू हो गई हैं।

"तुम घूमने आई हो?"

"हाँ।"

"अकेले?"

"नहीं...बॉयफ्रेंड के साथ।"

"अच्छा, अच्छा...और कुछ बताओ अपने बारे में।"

"मैं और वो एक महीने पहले मोटरबाइक से देश घूमने निकले हैं। मैं बाइक राइडर हूँ। हमने दस सबसे ख़ूबसूरत पहाड़ी जगहों की एक विश लिस्ट बनाई थी जहाँ हम एक साथ जाना चाहते थे।"

"अरे वाह...कौन-कौन सी हैं वो दस जगहें?" युवती के चेहरे पर आश्चर्य वाली ख़ुशी है।

"नग्गर, पाराशर लेक, कल्पा, काजा, औली, फूलों की घाटी, बिनसर, मुंसियारी, श्रीनगर और पेंगोंग लेक।"

"अरे वाह...सो रोमांटिक! कितनी जगह घूम लिये?"

कश्मीरी युवती चहक उठी है।

"आठ जगहें हो गईं। श्रीनगर के बाद पेंगोंग लेक और बची है।"

"तुम्हारा बॉयफ्रेंड कहाँ है? उससे भी मिलना है मुझे।"

लड़की एकदम ख़ामोश हो गई है।

"प्लीज़, बुलाओ न उसे। फ़ोन करो।" युवती लड़के से मिलने को बेताब है।

लड़की ने अपने बैग से ताँबे का एक छोटा-सा ख़ूबसूरत डब्बा निकाला है और खोला है।

ये क्या...डब्बे में राख भरी हुई है!

"हमारी आठवीं जगह कल्पा थी। कल्पा से लौटते हुए हमारी बाइक का एक्सीडेंट हुआ और वो हमेशा के लिए चला गया। उसके साथ ट्रिप पूरा करने की ख़्वाहिश थी। सो मैं उसके साथ श्रीनगर आ गई। कल लद्दाख निकल जाऊँगी।" कहकर लड़की ने थोड़ी सी राख चिनारों के पत्तों पर उड़ा दी है।

"उसका सपना था पतझर की रुत में मेरे साथ चिनार के तले इस लाल गलीचे पर बैठना। उसका नहीं दरअसल हमारा सपना था।"

लड़की के दोनों गालों पर दो गीली लकीरें खिंच आई हैं।

"और आज ही वह तीस बरस का हुआ है।"

कश्मीरी युवती थोड़ी देर स्तब्ध बैठी रही, फिर खींचकर लड़की को अपने साथ उठाकर ले चली है।

"हम कहाँ जा रहे हैं?" लड़की उठते-उठते पूछ रही है।

"उसका जन्मदिन नहीं मनाओगी?" युवती ने लड़की की आँखों में झाँका।

थोड़ी देर बाद युवती के घर कुछ कश्मीरी दोस्त इकट्ठे हुए हैं। केक, बाजवान और कहवा सामने टेबल पर सजा है, केक के बग़ल में एक मुस्कराते हुए ख़ूबसूरत नौजवान का फ़ोटो है और हवा में है एक प्यारी सी धुन—

हैप्पी बर्थ डे टू यू
हैप्पी बर्थ डे टू यू
हैप्पी बर्थ डे टू डियर मानव
हैप्पी बर्थ डे टू यू

लड़की की आँखों में आँसू हैं। नहीं, दुख के नहीं, मुहब्बत के आँसू। नये दोस्तों से मिली बेशुमार मुहब्बत के आँसू, मानव से बेपनाह मुहब्बत के आँसू।

लड़की आँखें बन्द करके धीरे से बुदबुदाई है 'हैप्पी बर्थ डे माय लव' और हाथ में पकड़ा चिनार का एक लाल पत्ता मानव की फ़ोटो के पास रख दिया है।

दास्ताँ ख़त्म होने वाली है

यह एक अस्पताल का आई.सी.यू. रूम है। लड़का एक महीने से प्राइवेट वार्ड में एडमिट था जहाँ उसका ब्लड कैंसर का इलाज चल रहा था। दो दिन पहले हालत ज़्यादा ख़राब होने पर उसे आई.सी.यू. में शिफ़्ट किया गया है। चालीस बरस का यह ज़िन्दादिल लड़का न केवल 'आनंद' फ़िल्म के राजेश खन्ना की तरह दिखता है बल्कि उसकी कैफ़ियत भी आनंद जैसी ही है। असहनीय दर्द में भी चुटकुले सुनाना, अक्सर कोई न कोई ग़ज़ल गुनगुनाना, नर्सों और डॉक्टर्स के साथ चुहल करना और अपनी आने वाली मौत के बारे में एक ठहाके के साथ कहना कि "मौत मेरी महबूबा नहीं बल्कि छठवीं क्लास की डेज़ी टीचर है जो क्लास रूम में घसीटकर ले जाए बिना नहीं मानेगी। महबूबा को उल्लू बनाया जा सकता है मगर खुर्राट टीचर को नहीं।"

उसका एक छोटा भाई है जो रोज़ उससे मिलने आता। इसके अलावा दो-चार दोस्त उसके प्राइवेट वार्ड को क्लब हाउस समझकर महफ़िल जमाए ही रहते। कई बार डॉक्टर भी इनमें शामिल हो जाते और फिर ध्यान आने पर कि यह अस्पताल का कमरा है, किसी के

घर का लिविंग रूम नहीं, दोस्तों को डाँटते हुए बेमन से अगले पेशेंट को देखने चले जाते।

लड़की जो थी वो एक 23 बरस की नर्स थी जो उसी अस्पताल में काम करती थी। उसकी ड्यूटी लड़के की देखभाल करने की थी और वह इस महफ़िल को देख सचमुच में ग़ुस्सा हो जाती थी।

"ये क्या तमाशा लगा रखा है आप लोगों ने? पेशेंट को तो अपनी कोई फ़िक्र है ही नहीं, आप लोगों को तो सोचना चाहिए। उसे आराम की ज़रूरत है और आप लोगों ने इसे ऐयाशी का अड्डा बना रखा है।"

लड़का डाँट खाई बिल्ली की तरह अपना मुँह छुपा लेता और दोस्त एक-एक करके चलते बनते। तब लड़का किसी एक दोस्त को धीरे से पुकारता और होंठ हिलाकर बे-आवाज़ कहता 'डेज़ी टीचर' और फिर से सभी दोस्तों का एक ठहाका गूँजता और दरवाज़ा बन्द हो जाता। अब उस कमरे में सर झुकाए लेटा लड़का और दोनों हाथ कमर पर रखे, लड़के की आँखों में ग़ुस्से से झाँकती लड़की रह जाती।

"आज माफ़ कर दीजिए मैम, कल से यह सब बन्द। बस मैं और मेरी तनहाई यहाँ रहेंगे।" लड़का क्षमा-याचना करता हुआ कहता। चेहरे से उसके अब भी शरारत टपक रही होती।

"अगर कल से बन्द नहीं हुआ तो मैं आपकी शिकायत करूँगी।" धमकाते हुए लड़की का चेहरा लाल हो जाता।

"अच्छा ठीक है मैम, अब तो माफ़ी भी माँग ली। अब मूड अच्छा करो फटाफट। चलो एक ख़ूबसूरत शेर सुनो और दवा के साथ एक ख़ूबसूरत मुस्कराहट भी देती जाओ।" और लड़का अपनी रूहानी आवाज़ में ग़ज़ल गाने लगता—

मुस्कराहट है हुस्न का ज़ेवर...मुस्कराना न भूल जाया करो

लड़की मुस्करा उठती, "आपको सिंगर होना चाहिए था।"

"अब गा रहा हूँ तो सिंगर ही तो हुआ। बस गाने के पैसे नहीं मिलते इसलिए गायकों में शुमार न हो सका।" लड़का सीने पे हाथ रखकर नकली आह भरता हुआ कहता।

"तुम नौटंकी हो क़सम से।" लड़की हँसती हुई चली जाती।

एक महीने तक दोनों के बीच नोक-झोंक होते-होते अच्छी दोस्ती भी हो गई थी। लड़का अपने खिलंदड़ अन्दाज़ में अपनी ज़िन्दगी के क़िस्से सुनाता। लड़की थोड़ी शान्त और गम्भीर थी लेकिन लड़के के साथ वह भी एक शरारती बच्ची में तब्दील हो जाती।

"जब चला जाऊँगा तो याद तो करोगी तुम मुझे कि क्या नमूना मरीज़ मिला था।"

"याद करेंगे मेरे दुश्मन, पीछा छूटेगा एक पनौती से मेरा।" लड़की चिढ़कर कहती और फिर देर तक उदास रहती।

परसों रात लड़के की हालत अचानक बिगड़ी और उसे आई.सी.यू. में शिफ़्ट कर दिया गया। लड़का आधी बेहोशी में है और चेहरे पर दर्द की लकीरें उभरी हुई हैं। इस वार्ड में परिवार और दोस्तों के आने की मनाही है। कोई एक व्यक्ति एक बार में आ सकता है। सुबह भाई आता है और लड़के का हाथ थामे बैठा रहता है। शाम को कोई दोस्त आ जाता है। सबके चेहरों पर भय और आशंकाओं के बादल घिरे हुए रहते। सबका दिल आने वाले लम्हे से सहमा हुआ रहता। लड़का बीच में आँखें खोलता और बड़ी कठिनाई से एक महीन-सी मुस्कराहट दे पाता।

लड़की अभी भी उसकी देखभाल के लिए तैनात है। रोज़ दिन में तीन-चार बार लड़के को देखने आती है। लड़के की हालत उससे छुपी नहीं है। वह जानती है कि उसके प्यारे दोस्त के हिस्से में अब कम ही साँसें बची हैं। लड़के को दवाएँ देने और उसकी रीडिंग लेने के बाद वह लड़के का हाथ थामकर कुछ देर बैठती और उसे दिलासा देती कि वह जल्दी ठीक हो जाएगा। लड़के के होंठ बेहोशी में भी मुस्करा उठते।

फिर लड़की सारा दिन उदासी में गुज़ारती।

आज भी लड़की लड़के के कमरे में आई थी। रोज़ की तरह दवाएँ दीं, उसके वाइटल्स की रीडिंग नोट की और उसका हाथ थामा। लड़के ने अपनी आँखें खोलीं और लड़की के हाथों पर अपनी कमज़ोर हथेली का दबाव दिया। लड़के के माथे पर पसीने की बूँदें झिलमिला रही थीं। लड़की उठी और लड़के के चेहरे पर झुककर टिशू पेपर से माथे का पसीना पोंछने लगी।

लड़के ने अपनी टूटती साँसों के बीच जगह बनाकर खुलती बन्द होती आँखों के बीच लड़की को देखा। लड़की ने लड़के की आँखों में झाँका, उसके चेहरे की रेखाओं को बनते-बिगड़ते देखा। उसके चेहरे पर झुकी लड़की की घबराई साँसें लड़के की अटकती साँसों से उलझीं, असहाय आँखें मिलीं और ठीक उसी पल में धड़कनें भी धड़कनों से टकरा गईं।

लड़की ने लड़के की हमेशा हँसती आँखों में एक आँसू उगते देखा और फिर दूसरा आँसू आकर कोरों पर ठहर गया। लड़की की धड़कनें भी तेज़ हो गईं और आँखें पनिया गईं। लड़की के हाथों पर लड़के की हथेली और कस गई। फिर तीसरा आँसू आने के पहले ही लड़के की कमज़ोर साँसों ने उसका साथ छोड़ दिया। लड़के की हथेली की पकड़ ढीली हो गई। लड़की समझ गई कि लड़का जा चुका है। लड़के की खुली हुई आँखों में दो बूँदें चमक रही थीं और हाथ लड़की के हाथों में था।

लड़की कुछ लम्हों तक वैसे ही लड़के के क़रीब बैठी रही उसका हाथ थामे, उसके चेहरे पर झुकी उसकी आँखों में झाँकती हुई और गहरी नींद सोये लड़के के माथे पर अपने होंठ रख दिए। वक़्त दो लम्हों को ठिठका और फिर चल पड़ा। फिर भारी दिल और भारी क़दमों से लड़की कमरे से बाहर निकल गई।

यूँ मृत्यु के मुहाने पर टिके उस एक लम्हे में लड़की को अपनी ज़िन्दगी की पहली और लड़के को अपनी ज़िन्दगी की आख़िरी मुहब्बत हुई।

तुम आके लौट गए फिर भी हो यहीं मौजूद

"ये मेरी टी-शर्ट किसने धुलने को डाली? कितनी बार कहा है कि मुझसे पूछे बिना मेरे किसी कपड़े को हाथ न लगाया करो।"

लड़की वाशिंग मशीन में धुलने के लिए पड़े कपड़ों में से एक लाइनिंग वाली टी-शर्ट खींचते हुए ग़ुस्से में चीख़ रही थी और मेड घबराई हुई कह रही थी—

"दीदी...हमेशा ही तो आपके कपड़े अलमारी से निकालकर धुलने को डालती हूँ। मुझे लगा कि ये टी-शर्ट बहुत दिनों से धुली नहीं है तो धो देती हूँ।"

"आइन्दा ध्यान रखना...कभी इस टी-शर्ट को मत छूना।"

लड़की टी-शर्ट को लेकर लगभग भागती हुई कमरे में गई और कमरा अन्दर से बन्द कर लिया। टी-शर्ट लड़की के हाथ में थी और उसे अपने चेहरे से लगाकर सूँघती हुई लड़की फूट-फूट कर रो रही थी। टी-शर्ट को सीने से लगाकर रोती लड़की के ज़ेहन में पाँच बरस पुरानी एक शाम ज़िन्दा हो गई है।

"सुनो...तुम्हारे लिए कुछ लाई हूँ।" 13 फरवरी की उस ख़ूबसूरत शाम लड़की ने लड़के के हाथ में एक पैकेट देते हुए कहा था।

लड़के ने पैकेट खोला तो उसमें यही टी-शर्ट थी। एकदम नई और नये कपड़े की गंध से भरी हुई।

"अरे वाह...बहुत सुन्दर टी-शर्ट है, शुक्रिया।" लड़के ने टी-शर्ट को उलटते-पुलटते कहा था।"

"बस...कल सुबह मेरे पास यही टी-शर्ट पहनकर आना। और हाँ... आज रात इसी को पहनकर सोना।"

"पहनकर तो आ जाऊँगा मगर इतनी अच्छी टी-शर्ट पहनकर कोई सोता है भला!"

"जितना कहा है...उतना करो। ज़्यादा दिमाग न लगाओ।" लड़की खिलखिला उठी थी।

"जो आदेश मैडम..."

अगले दिन सुबह 6 बजे लड़का वही टी-शर्ट पहनकर लड़की के दरवाज़े पर खड़ा था।

"दरवाज़ा खुला है...अन्दर चले आओ।" घंटी बजाने के पहले ही लड़की की आवाज़ आई थी। लड़का अन्दर गया तो चौंक गया। लड़की भी ठीक वैसी ही टी-शर्ट पहने खड़ी थी। लड़के के साइज़ की ढीली-ढाली टी-शर्ट।

"ये क्या नया ड्रामा है?" लड़के की हँसी छूट गई थी।

"उतारो अपनी टी-शर्ट जल्दी...।" लड़की ने लड़के की टी-शर्ट खींचते हुए कहा था।

"क्या इरादा है डार्लिंग?" लड़के ने शरारत से देखते हुए आँख मारी।

"ज़्यादा बातें न करो...जल्दी टी-शर्ट उतारो अपनी।"

लड़के ने टी-शर्ट उतारकर लड़की के हाथ में रख दी थी। लड़की अपनी टी-शर्ट भी उतारने लगी थी।

"अरे, अरे...क्या कर रही हो? मुझे कुछ समझ नहीं आ रहा।"

"अबे, सँभालो अपने दिल को, जो तुम समझ रहे हो, ऐसा कुछ भी नहीं होने वाला है।" लड़की ने भी शरारत भरे लहज़े में कहते हुए अपनी टी-शर्ट उतारकर लड़के को दी 'लो पहनो इसे' और ख़ुद लड़के की उतारी टी-शर्ट पहन ली।

लड़के ने चुपचाप सवालिया निगाहों से देखते हुए लड़की की उतारी टी-शर्ट पहन ली थी।

"अहा...तुम्हारी ख़ुशबू आ रही है मुझे।" लड़के ने एक भरपूर साँस लेते हुए कहा था।

"इसीलिए दो टी-शर्ट खरीदी थीं पगलू...वैलेंटाइंस डे पर एक-दूसरे को अपने बदन की ख़ुशबू देने से बेहतर क्या तोहफ़ा हो सकता है भला? आज रात भर मैं भी इस टी-शर्ट को पहनकर सोई थी। अब हम जब भी मिलेंगे...आपस में अपनी ख़ुशबू बदल लेंगे।"

"ओह...आई लव यू सो मच।" लड़का तड़पकर लड़की के गले लग गया था। दोनों देर तक एक-दूसरे की बाँहों में बँधे रहे थे।

उस दिन साथ में दोनों ने कॉफ़ी पी थी और एक-दूसरे की गंध अपने बदन पर पहनकर विदा ली थी।

ये उनके साथ का पहला और आख़िरी वैलेंटाइन था...साथ का आख़िरी दिन भी था। उस दिन बाँहों में एक-दूसरे को समेटे हुए वे नहीं जानते थे कि इसके बाद वे नहीं मिलेंगे। यही गंध उन्हें ताउम्र सहेजनी होगी, प्रेम में हृदय पर लगे ज़ख़्मों की तरह।

जब एक-दूसरे को चूमकर वे जल्द मिलने का वादा कर रहे थे तब भी क्या पता था दोनों को कि वो जल्द अब पता नहीं कब आएगा? आएगा भी या नहीं?

यही लाइनिंग वाली ओवर साइज़ टी-शर्ट अपने भीतर प्रेमी की ख़ुशबू छुपाये अलमारी में सबसे नीचे रखी हुई थी, जिससे उसकी ख़ुशबू बरकरार रह सके। इसी टी-शर्ट को लड़की अब पहने बैठी है। लड़की

अब भी प्रेम में है और उस दिन के साथ को जीती हुई इसकी जुड़वाँ टी-शर्ट को याद करके सोच रही है—

'क्या मेरी ख़ुशबू भी इसी तरह सहेजी गई होगी?'

कैलेंडर आज फिर से फ़रवरी की तेरह तारीख़ बता रहा था।

बस एक लम्हा-ए-बेनाम के गिरफ़्त में हैं

"तुमसे मिलने आ जाऊँ क्या?" फ़ोन पर जानी-पहचानी आवाज़ थी। थोड़ी बेक़रार, थोड़ी उदास।

"हाँ, आ जाओ।" लड़की ने एक पल भी नहीं लगाया था जवाब देने में।

"आधे घंटे में आ रहा हूँ...," कहकर लड़के ने फ़ोन काट दिया था।

लड़की इन्तज़ार करती हुई ठीक एक साल पहले की सर्दियों की एक रात में जा पहुँची थी जब इसी आवाज़ का ठीक ऐसा ही फ़ोन आया था।

"तुमसे मिलना है, आ जाऊँ?"

तब भी लड़की ने सोचने में एक भी पल नहीं लगाया था और आधे घंटे बाद लड़का लड़की के सामने बैठा था सूखे कंठ, काँपते हाथ और एक नामालूम-सी ख़लिश भरी देह के साथ और कह रहा था—

"सुनो, मैं तुमसे अब और झूठ नहीं बोलना चाहता। यह सही है कि मैंने तुमसे हज़ारों झूठ बोले। कई तुम्हारे पास रहने के लिए और कई तुमसे दूर जाने के लिए। इतने कि अब किसी भी सेंसिबल लड़की को मुझ पर भरोसा नहीं करना चाहिए। लेकिन आज इतने सालों बाद जब

हम दोनों की अपनी-अपनी दुनिया है, अपनी-अपनी राहें हैं, मैं सिर्फ़ तुमसे एक सच कहने आया हूँ। एक आख़िरी सच जो शायद तुम्हें दुख ही देगा पर कम-से-कम सच तो होगा।"

"हम्म...बोलो, सुन रही हूँ।"

"मैं तुमसे प्यार नहीं करता। लेकिन तुमसे मिलना, तुम्हारे साथ होना अच्छा लगता है।"

"ओके...कैरी ऑन। मैं सुन रही हूँ।"

"एक सच और भी है। जब हम साथ थे, आई मीन रिश्ते में थे, शायद मैं तुम्हें तब भी प्यार नहीं करता था। शायद ये उस उम्र का आकर्षण मात्र था।"

"हम्म...कोई नहीं। नहीं करते थे तो नहीं करते थे। अच्छा हुआ, सच बोल दिया। सच कहूँ, बुरा तो लग रहा है सुनने में। लग रहा है जैसे जितना वक़्त इन्वेस्ट किया था उस रिश्ते पर, सब पानी हो गया। ये बात तो बर्दाश्त हो जाती है कि अब कोई आपसे प्रेम नहीं करता लेकिन ये बर्दाश्त करने में थोड़ी कठिनाई होती है कि जब आप साथ थे, वो तो तब भी आपको प्रेम नहीं करता था। ख़ैर...इट्स ओके फ़ॉर मी। मैं समझ सकती हूँ, बल्कि शायद ख़ुद की ज़िन्दगी से भी रिलेट कर सकती हूँ। मेरे जीवन में भी ऐसे लड़के आए हैं जिनसे दूर होने पर ही जाना कि साथ होते हुए जिसे मैं प्यार समझ बैठी थी, वो तो आकर्षण मात्र था।"

दरवाज़े की घंटी बजने के साथ ही लड़की वर्तमान में लौट आई है। लड़का अन्दर आया है और आकर सोफ़े पर बैठ गया है। उसके चेहरे पर उसी जानी-पहचानी कशमकश का भाव है, जैसे भीतर कुछ उलझा हुआ है जो सुलझ नहीं रहा है।

दोनों ख़ामोश हैं। लड़के ने सिगरेट सुलगाई है। लड़की असमंजस में स्टोल के किनारे को उँगलियों में लपेटती है, फिर खोल देती है।

"क्या मैं तुम्हें हग कर सकता हूँ?"

लड़की अचकचा गई है।

"प्लीज़...एक बार।"

"ओके..." लड़की क़रीब आई है और लड़के ने उसे गले लगाया है। क़रीब पाँच मिनट तक लड़की लड़के के सीने से लगी खड़ी रही है। थोड़ी उलझी, थोड़ी भावुक, थोड़ी विस्मित।

पीछे स्पीकर पर ग़ुलाम अली गा रहे हैं—

सामने बैठा था मेरे और वो मेरा न था...

थोड़ी देर बाद लड़का कॉफ़ी पीते हुए लड़की का हाथ थामे कह रहा है—

"आज भी झूठ नहीं बोलूँगा। मैं सचमुच नहीं जानता कि सच्चा, झूठा प्रेम क्या होता है। बस मुझे ये पता है कि तुमसे गले लगकर मुझे अच्छा लगता है। क्या तुम यक़ीन करोगी कि आज मैं तुम्हें सिर्फ़ हग करने ही आया हूँ क्योंकि इस वक़्त मेरा दिल सिर्फ़ यही चाह रहा है। तुम न चाहो तो मैं तुम्हें हग नहीं करूँगा। ये प्रेम है या नहीं, इस तर्क-वितर्क में नहीं पड़ना चाहता। क्या कोई काम हम सिर्फ़ इसलिए नहीं कर सकते कि उसे करते हुए हमें ख़ुशी मिल रही है? क्या बिना फ़ीलिंग्स को परिभाषित किये हम कुछ वक़्त साथ नहीं हो सकते?"

लड़के ने अपनी बात ख़त्म करके लड़की की ओर देखा। लड़की बिना कुछ कहे लड़के के क़रीब आई और एक बार फिर लड़के के सीने पर अपना सर रख दिया है।

दो ख़ामोशियाँ आलिंगनबद्ध हैं। एक रिश्ता अपनी परिभाषा की क़ैद से बाहर आकर साँसें ले रहा है। स्पीकर पर गाना बदल गया है। उस अद्वितीय ख़ूबसूरत ख़ामोशी को आबिदा अपनी कपास-सी मरहमी आवाज़ ओढ़ा रही हैं—

बिछड़ने वाले में सब कुछ था, बेवफ़ाई न थी...

वो जिसकी दीद में लाखों मसर्रते पिन्हाँ

लड़का और लड़की रोज़ एक ही बस स्टॉप से एक ही बस पकड़ते थे। लड़की पहले उतर जाती। लड़का दो स्टॉप आगे उतरता। कभी कोई बात न हुई दोनों के बीच। बस एक-दूसरे को कनखियों से देखते दोनों। दोनों को पता होता देखे जाने का मगर किसी ने बात करने की पहल नहीं की। हाँ...एक इन्तज़ार दोनों को रहने लगा था। कभी लड़का नहीं आता तो लड़की थोड़ी बेचैन होती। किसी दिन लड़की नहीं तो लड़का परेशाँ हो उठता।

दो साल यूँ ही साथ सफ़र करते बीत गए। कभी एक-दूसरे का नाम तक न पूछा। न जाने क्यों एक बर्फ़-सी थी दरमियाँ जो पिघलती न थी।

फिर एक बार लड़का कई दिनों तक नहीं आया। लड़की रोज़ आती, इन्तज़ार करती और मायूस होकर बस में अकेली चढ़ जाती। बीस दिन बाद लड़का आया। मगर अकेला नहीं, उसकी दुल्हन साथ में थी। लड़की ने प्रश्नवाचक निगाहों से लड़के को देखा। लड़के ने सर झुका लिया। लड़की उदास हो गई। उदास लड़का भी था। अगले दिन

से लड़का फिर अकेला आने लगा। दोनों फिर साथ में अपना-अपना सफ़र करने लगे। निःशब्द, चुपचाप।

लड़का बेचैन, लड़की उदास। लड़के ने एक दिन धुंध जमी खिड़की के काँच पर लिखा।

"सॉरी।"

लड़की ने पढ़ा मगर कोई जवाब नहीं दिया। बस आँखों में एक क़तरा ओस झिलमिलाई थी और धुंध में गुम हो गई थी। लड़का उस दिन के बाद कभी अपनी दुल्हन को साथ नहीं लाया।

लड़का-लड़की अभी भी रोज़ सफ़र करते हैं। लड़की के ऑफ़िस का पता बदल गया है। लड़की अब लड़के के उतरने के एक स्टॉप बाद उतरती है और वापसी की बस पकड़कर पीछे उसी बस स्टॉप पर वापस लौटती है जहाँ से बस पर चढ़ी थी। फिर अगली बस में बैठकर उलटी दिशा में ऑफ़िस जाती है। लड़की रोज़ ऑफ़िस में लेट हो जाती है।

लड़का यह बात नहीं जानता।

लड़के को दूसरे शहर के ऑफ़िस में प्रमोशन ऑफ़र हुआ है मगर लड़के ने मना कर दिया है और इसी ऑफ़िस में कंटीन्यू किया है।

लड़की यह बात नहीं जानती।

बस दोनों इतना जानते हैं कि एक डोर खींचकर इस बस में लिये आती है। एक डोर जिसे न जाने कौन खींच रहा है और वे बेबस से खिंचे चले आते हैं।

"नहीं, ये प्रेम नहीं है।" लड़की अकेले में अक्सर ख़ुद से कहती है।

"प्रेम नहीं तो फिर क्या?" लड़का देर रात सिगरेट उँगलियों में फँसाये ख़ुद को जवाब देता है।

दो अजनबियों के लिए इतना काफ़ी है कि दोनों आधे घंटे के लिए एक साथ होते हैं। इतने ज़्यादा साथ कि उन तीस मिनटों में दोनों को एक-दूसरे के सिवाय किसी का ख़याल नहीं आता।

अजीब है पर इश्क़ है...

मगर भुलाना भी चाहूँ तो किस तरह भूलूँ

लड़का और लड़की स्टेशन पर खड़े हैं। प्लेटफ़ॉर्म पर खड़ी ट्रेन कुछ ही पलों में दोनों को एक-दूसरे से हमेशा के लिए दूर करने वाली है। लड़का जा रहा है। लड़की भी जानती है कि यह अलविदा के ठीक पहले के चन्द पल हैं। लड़का ट्रेन के दरवाज़े के पास खड़ा है। लड़की का हाथ उसके हाथ में है। लड़की के मुँह से भीगा-भीगा अस्फुट सा वाक्य निकला है—

"कुछ और कहना है?"

"हाँ...बस तुम अपना ध्यान रखना और..."

"और?"

"मैं मिलने न आऊँ, फ़ोन न करूँ तो दुखी न होना और..."

"हाँ...और?"

"बस इतना याद रखना...कुछ बातें पॉसिबल हैं और कुछ इम्पॉसिबल..."

"जैसे?"

"जैसे तुमसे बात न करना, न मिलना पॉसिबल है और..."

"और इम्पॉसिबल क्या है?"

"और...और इम्पॉसिबल है..."

आगे की बात रुँधे गले से निकली और ट्रेन की सीटी में गुम हो गई...एक आँसू पलकों की कोरों पर ठहरा और ट्रेन के चलते ही हवा में गुम हो गया।

और इसके बाद जो कहा-सुना गया उसके लिए शब्दों की, आवाज़ की और कानों की ज़रूरत ख़त्म हो जाती है...फिर धीरे से दो हाथ अलग हुए और लड़के को लेकर ट्रेन चल पड़ी। एक लम्हे में अब तक का जिया अतीत बन गया।

ट्रेन काफ़ी दूर निकल चुकी थी। जाने क्या था जो प्लेटफ़ॉर्म पर छूट गया था, जाने क्या था जो ट्रेन के साथ चला गया था। ज़िन्दगी कुछ पल को ठिठकी और फिर से बहने लगी।

जो पॉसिबल था वह जीवन को आगे बढ़ाता रहा। जो इम्पॉसिबल था वह जीवन भर आधे टूटे काँटे की तरह हृदय में गड़ा टीसता रहा।

इश्क़ पर ज़ोर नहीं है ये वो आतिश 'ग़ालिब'

"पता है, मैं तुम्हारी शादी से बिलकुल भी ख़ुश नहीं हो पा रही हूँ..."

"हम्म...लेकिन क्यों?"

"पता नहीं।"

"शायद तुम्हें लग रहा है कि अब हम पहले की तरह मटरगश्ती नहीं कर पाएँगे। शायद ठीक भी है। अब तू मेरी सबसे अच्छी दोस्त है यार पर थोड़ा टाइम तो उसे भी देना होगा ना?"

"नहीं, वो बात नहीं है। पर मैं तुम्हारी सबसे अच्छी दोस्त हूँ तो टेक्निकली मुझे ख़ुश होना चाहिए न...?"

"हाँ...तुम्हारी शादी होती तो मैं तो ख़ुश होता।"

"फिर मुझे ख़ुशी क्यों नहीं हो रही? ऐसा लग रहा है कि हाथ से कुछ छूट रहा है..."

"पर मैं कहाँ जा रहा हूँ?"

"पता नहीं कहाँ जा रहे हो...पर कहीं तो जा रहे हो।"

पता नहीं...क्या बोलती रहती है गधी...

"काश, शादी से एक दिन पहले वो किसी के साथ भाग जाए..."

"हा हा...यू आर सो फ़नी। बहुत हँसाती हो तुम। अब मैं जा रहा हूँ, बाय। मुझे बहुत काम हैं।"

"बाय...पर मैंने कब हँसाया?"

पर तब तक मोटरसाइकिल वाला मुस्कराता हुआ दूर जा चुका था और लड़की की पलकों पर पता नहीं कहाँ से दो बूँदें आकर ठहर गई थीं...।

इश्क़ एक बार फिर बिन बुलाए मेहमान की तरह आ धमका था, जाने कितने दिन टिकने के लिए।

ये किसकी याद की बारिश में भीगता है बदन

उस बरस मानसून आधी रात को आया था।

नींद में ग़ाफ़िल दुनिया से पीठ फेर कमरा बन्द कर ठंडे फ़र्श पर बैठी लड़की अपनी शादी की एक रात पहले मेहँदी रचे हाथों से प्रेमपत्र जला रही थी। बाहर की बारिश कमरे में हो रही बारिश का हज़ारवाँ हिस्सा भी न थी। लेकिन दोनों बारिशों में उस रात एक रिश्ता बन गया था। बाहर की बारिश ने लड़की की रुलाई की कातर आवाज़ को अपने शोर में दुबका लिया था।

अब के मानसून उस कमरे में सुलगते ख़तों की एक मुट्ठी राख को पी लेने ही आया था।

सुबह बारिश रुक गई थी। सन्दूक़ में सहेजा सालों का अक्षर-अक्षर प्रेम गीली मिट्टी ने सहेज लिया।

सुबह बची रह गई थी चेहरे पर स्मृतियों में लिपटी एक गीली मुस्कान जैसे रात भर बरसने के बाद एक चमकती ठंडी बूँद घास की नोक पर अटकी रह जाए। आख़िर में बची रही वह बूँद ही पूरी बारिश का हासिल है।

अब लड़की हर बारिश में एक पौधे को गले लगाने आती है जो उस मिट्टी ने लड़की को लौटाया था। अक्षरों का फूल बन जाना या तो बारिश जानती है या वो लड़की। लड़की पौधे में उगे नन्हे-नन्हे जामुनी फूलों को हौले से छूती हुई बुदबुदाती है—'बारिश के बिछड़े कभी नहीं बिछड़ते'।

और लड़का...। लड़का अब प्रेमपत्र नहीं लिखता, प्रेम कविताएँ लिखता है। लड़की अब सन्दूक़ में कुछ पत्रिकाएँ सहेजती है जिनमें कुछ ख़ास कविताओं वाले पन्ने मुड़े हुए होते हैं।

प्रेम तो वही का वही है, वैसे का वैसा है...बस सूरत थोड़ी अलहदा हो गई है। दुनिया के एक शहर में कोई लड़का कविता लिखता है, तब बारिश होती है और दूसरे शहर में जब कोई लड़की कविता पढ़ती है, तब बारिश होती है।

एक बोसा होंठ पर फैला, तबस्सुम बन गया

लड़की ऑफ़िस जाने से पहले लड़के के घर उसकी किताब लौटाने आई थी। लड़के ने कॉफ़ी की पेशकश की मगर लड़की जल्दी में थी, रुकी नहीं। लड़का चौक तक छोड़ने आया था जहाँ से लड़की को ऑटो पकड़ना था। लड़के ने लड़की को बाय किया और जाने लगा।

तभी लोगों ने देखा कि लड़की तेज़ी से पलटकर आई और लड़के के सामने आकर उसके होंठ चूमने लगी। लड़का अचकचा गया था। कुछ लोग हैरत में थे, कुछ झेंप रहे थे मगर एक-दूसरे को बेतहाशा चूमते उन दोनों प्रेमियों से नज़रें नहीं हटा पा रहे थे।

चन्द सेकेंड्स बाद लड़की झटके से अलग हटी और लड़के को जीभ चिढ़ाते हुए मुस्कराकर भाग गई अपने ऑटो की ओर। लड़का झूठे ग़ुस्से से लड़की को थप्पड़ दिखा रहा था।

लड़की की सहेली भी वहीं खड़ी थी जो ऑटो में लड़की के साथ ऑफ़िस जाने वाली थी, ऑटो में लड़की को छेड़ते हुए बोली—

"कुछ तो शर्म किया कर। इतना भी क्या रोमांटिक होना कि कहीं भी किस करना शुरू कर दो।"

लड़की अपने बालों की पोनीटेल बनाते हुए बेपरवाही से बोली—

"नहीं तो। मैंने कब उसे चूमा? वो तो मैं प्याज़ की कचौरी खाकर आई थी। उसके घर से निकलते-निकलते उससे इलायची माँगी प्याज़ की गंध दबाने के लिए। उसने नहीं दी तो मैं उसके मुँह के भीतर से इलायची के दाने ढूँढ़कर निकाल रही थी, बहुत भाव खाता है दुष्ट।"

लड़की ने अपनी जीभ की नोक पर रखे तीन इलायची दाने दिखाए थे और सहेली को यूँ ही हैरतज़दा छोड़कर लड़के को अपनी सेल्फ़ी लेकर भेजने लग गई।

लो साहब! एक चुम्बन जिसकी चर्चा सारे चौक में थी...जिसे देख प्रेमियों ने अपनी प्रेमिकाओं से मुँह फुला लिये थे, जिसे देख बुज़ुर्ग पश्चिमी संस्कृति को गालियाँ दे-दे कर कोस रहे थे, जिसे देख पत्नियाँ अपने पतियों को अनरोमांटिक होने का ताना मार रही थीं, जिसे देख शहर भर ने लड़की को आवारा घोषित कर दिया था...वो चुम्बन था ही नहीं।

वो तो लड़की का बदला था लड़के से जो दो दिन पहले चूमने के बहाने से लड़की के मुँह में रखी संतरे की गोली ले उड़ा था।

अव्वल अव्वल की दोस्ती है अभी

"सुनो...हम इस रास्ते से वॉक के लिए नहीं जाया करेंगे।"

"क्यों?"

"मुझे पसन्द नहीं ये रास्ता।"

"क्या? शहर का सबसे ख़ूबसूरत रास्ता तुम्हें पसन्द नहीं? ये हरा-भरा रास्ता, ये झील, ये सुहानी हवा और पंछियों के शोर से भरा आसमान। कौन होगा जिसे ये रास्ता पसन्द न होगा?

लड़की ख़ामोश हो गई है। एकदम ख़ामोश। फिर सर नीचा किये धीमे से बुदबुदाई है।

"अच्छा, चलो ठीक है। इसी रास्ते पर आया करेंगे।"

लड़के ने इस आवाज़ पर चौंककर लड़की को देखा है। ओह, कैसी सूनी और ख़ाली आवाज़। और उसका हाथ थामकर बोला है, "नहीं... किसी और रास्ते पर चलेंगे। वैसे भी साल भर से इस पर घूम-घूम कर मैं भी बोर हो गया हूँ। कोई नया रास्ता ढूँढ़ते हैं।"

लड़की होंठों से मुस्कराई है, आँखों से मुस्कान कोसों दूर है।

घर लौटकर लड़के ने चाय बनाई और दोनों कप हाथ में लेकर टेरेस पर आ गए हैं। लड़की अब चहक रही है।

लड़का उस चहक से पुलक-पुलक जाता है। तभी लड़के ने अचानक लड़की का हाथ पकड़ा।

"तुम उसके साथ उसी रास्ते पर जाती थीं ना?"

लड़की थरथरा गई है।

"क्या इतना नहीं समझूँगा मैं? दुख इस बात का है कि पहले क्यों न जान सका, तुम्हें कहना पड़ा।"

लड़की के चेहरे पर घबराहट, बेचैनी, उदासी एक साथ तैर गई है। आँखें बस छलकने ही वाली हैं।

"सुनो...ग़लत मत समझो। मैं तुमसे बहुत प्यार करती हूँ, वो अब लाइफ़ में कहीं नहीं है।"

"मुझे पता है कि तुम मुझसे कितना प्यार करती हो। वो तुम्हारा पहला प्रेम था और हमेशा रहेगा। कैसे भूल सकती हो उसे और क्यों भूलना है? तुम्हारे मन के जिस कोने में वो महफ़ूज़ है उसे वहीं रहना चाहिए ज़िन्दगी भर। कोई भी प्रेम भूलने के लिए नहीं होता पागल।"

लड़की फूट-फूटकर रो पड़ी है। लड़का उसे नन्ही बालिका की तरह अंक में समेटे खड़ा है।

"सुनो मेरी छुटकी...जब भी उसकी याद आए तुम मेरे कंधे पर सर रखकर उदास हो सकती हो, मेरे होते तुम्हें अपने दिल का सबसे कोमल कोना किसी और दोस्त से बाँटना पड़े तो हमारा रिश्ता बड़ा कमज़ोर निकलेगा।"

लड़की अब सँभल गई है। हल्के से मुस्कराई है और लड़के के हाथ को मज़बूती से पकड़कर कह रही है।

"पता है अमृता प्रीतम क्या कहती हैं?"

"क्या?"

"यह कि शादी एक ऐसा व्यापार है जिसमें किसी का फ़ायदा नहीं होता। दो लोग पति-पत्नी से शुरुआत करते हैं और जीवन भर वही बने रहते हैं उससे आगे बढ़कर दोस्त, प्रेमी और एक-दूसरे के ख़ुदा कभी नहीं बन पाते।"

"और तुम क्या सोचती हो?"

"मैं सोचती हूँ कि हम दोनों सफल कारोबारी हैं। आज हम पति-पत्नी से एक दर्जा ऊपर उठकर दोस्त बन गए हैं।"

हम्म...

लड़का अख़बार पलटने लगा है। तभी लड़की ने अख़बार छीनकर नीचे रखा है और लड़के की ठुड्डी पकड़कर शरारत से बोली है, "तुम्हें भी नेहा की याद आए तो मुझसे शेयर कर लेना। और हाँ, जो ब्लू शर्ट उसने तुम्हें दी है, वो मेरी भी फेवरिट है।"

"तुम्हें कैसे पता?" लड़का गहरे आश्चर्य में है।

"क्योंकि आई लव यू घोंचू।"

लड़की ने चाय का कप हवा में बढ़ाया है और लड़के के कप से टकराकर हँसते हुए कह रही है, "थ्री चीयर्स टू अवर फ्रेंडशिप।"

ज़िन्दगी नाम है कुछ लम्हों का और उनमें भी इक वही लम्हा

कितना अजीब है ना कि जिससे हमने प्रेम किया, चाहे जीवन भर किया या साल-दो साल के लिए किया, वो प्रेम एक लम्हे में उपजता है। बस खटाक से कुछ क्लिक करता है और यह घटना घट जाती है। हम जिसे रोज़-रोज़ देखते आते हैं, वही साधारण-सी सूरत अचानक एक पल में दुनिया की सबसे प्यारी सूरत बन जाती है। जिसे कभी देखा नहीं, वो अजनबी चेहरा एक पल में दुनिया का सबसे अपना बन जाता है। वो लम्हा कुछ भी हो सकता है, कैसा भी हो सकता है। किसी भी रंग, रूप, आकार में आ सकता है। सबसे सुन्दरतम तरीक़े से, जिसे बार-बार सुनाया जा सके और सबसे अजीबोग़रीब तरीक़े से भी जिसे अकेले में सोचकर हँसी फूट पड़े।

लेकिन उसके आने के तरीक़े से उस लम्हे का जादू कम नहीं होता। वह हमेशा वही रहता है, अपने सबसे शुद्ध रूप में एक जादुई लम्हा।

कौन यक़ीन करेगा कि एक लड़का एक लड़की पर उस लम्हा दिल हार बैठा था जब वह दीवार गीली कर रहा था और लड़की अपनी सहेलियों के साथ यह कहते हुए गुज़री थी कि "देखो, गधा मूत रहा है।"

एक लड़का मोहल्ले की सबसे साधारण और घरेलू लड़की पर उस लम्हा मर मिटा था जब वह बरामदे में दरी पर बैठी 'लग जा गले' गा रही थी और चार छोटे पिल्ले उसके सामने बैठे ध्यान से गीत सुन रहे थे।

एक लड़की अपने पाँच साल पुराने उस बेस्ट फ्रेंड के लिए फ़ील कर बैठी थी जिसकी प्रेमिका के लिए वही सन्देश ले जाया करती थी। एक दिन हुआ ऐसा कि लड़का, लड़की और उनके कुछ दोस्त लड़की के घर बैठे थे। लड़का कोई क़िस्सा सुना रहा था। लड़की अपनी सहेली के कंधे पर सर टिकाए लड़के की बातें सुन रही थी। टेप पर गीत बज रहा था 'ऐसा लगता है, अब दिल मेरा खोने को है' और बाहर हो रही थी बारिश। लड़की लड़के का क़िस्सा सुनते-सुनते ऐसी खोई कि फिर न उबरी।

एक लड़का एक एक्स्ट्रा गोलगप्पे के लिए बड़ी-बड़ी आँखें नचाकर झिक-झिक करती लड़की पर ऐसा फ़िदा हुआ कि जब तक उसने हाँ न कह दी, तब तक उसके घर के चक्कर लगाता रहा। वो अलग बात है कि बाद में जब जिस झिकझिक पर मर मिटा था, उसी झिकझिक पर लड़की को आँखें दिखा देता था।

दरअसल जादू न झिकझिक में है, न बारिश और रोमांटिक गानों में। सारा जादू उस पल में है जो कैसे आएगा, कोई नहीं जानता। दो रंगहीन रासायनिक द्रव्य मिलकर जिस पल गाढ़े गुलाबी रंग में बदल जाते हैं, वही पल इश्क़ के जन्म लेने का पल है।

इसीलिए तो ज़िन्दगी बीत जाती है, प्रेम भी बीत जाता है वो पल नहीं बीतता वरना अनगिनत मुलाक़ातों के बीच वही एक जगमगाता पल कैसे याद रह जाता भला।

इश्क़ का जन्म लेना ऐसी ही जादुई घटना है जैसे जादूगर के रेशमी रूमाल से सफ़ेद कबूतर का निकलना। सबके पास होता है एक सफ़ेद कबूतर और फड़फड़ाया करता है अक्सर स्मृतियों के आकाश में।

इश्क़ ने अक़्ल को दीवाना बना रक्खा है

लड़का फ़ोन पर लड़की से बात कर रहा था। लड़की बीमार है, अस्पताल में भरती है।

"प्लीज़, तुम जल्दी आ जाओ।"

"बस आया, दस मिनट में, रास्ते में हूँ।"

"मेरी एक बात मानोगे?"

"तू दस बात बोल डार्लिंग, सब मानूँगा।"

"प्रॉमिस कर पहले।"

"सही में ही चाँद-वाँद तो नहीं तुड़वाने वाली तू? चल प्रॉमिस किया। अब एस्ट्रोनॉट भी बनना पड़ा साला, तो वो भी बनेंगे।"

"नहीं-नहीं...उतनी दूर नहीं जाना पड़ेगा। रास्ते का ही छोटा-सा काम है, वो करते हुए आना।"

"ठीक है...बोल।"

"मेरा मन छोले-टिक्की खाने का कर रहा है, प्लीज़ ले आ।"

"मरवाएगी मुझे और ख़ुद भी मरेगी। डॉक्टर ने सिर्फ़ पतली खिचड़ी खाने को कहा है। दो-तीन दिन सबर कर ले। फिर ला दूँगा।"

"नहीं, नहीं...अभी के अभी चाहिए। अभी मम्मी-पापा घर गए हैं। एक घंटे में लौट आएँगे। इससे पहले मुझे छोले-टिक्की खानी है।" लड़की ठुनक रही है।

अस्पताल के अन्दर घुसते हुए लड़के ने डाँटकर कहा, "नहीं... हर फ़ालतू ज़िद नहीं मानूँगा तेरी।"

उधर से फ़ोन डिसकनेक्ट हो गया।

दो मिनट बाद लड़का लड़की के कमरे के अन्दर घुसते हुए बाहर से ही अचानक डॉक्टर के कमरे की ओर मुड़ गया।

"डॉक्टर साहब...तीन नम्बर कमरे वाली पेशेंट को बस इतना-सा छोले-टिक्की दे सकते हैं?"

"ये दुष्ट प्रेम भी न...जो न करवाये सो कम है।" अगले ही पल लड़का डॉक्टर की लताड़ खाकर लौटते हुए सोच रहा था और रूमाल से माथे का पसीना पोंछते हुए लड़की की लताड़ के लिए ख़ुद को तैयार कर रहा था।

बादलों की चादर सी ओढ़ ली दरख़्तों ने

मस्तमौला, बिंदास, ज़िन्दगी और ख़ुशी दोनों से छलकती हुई एक लड़की थी। बारिशों का बेसब्री से इन्तज़ार करने वाली। जब बारिश टूटकर बरसती, लड़की की धड़कनें मोर बन जातीं। लड़की कभी चप्पलें फेंक बारिश को गले लगाने चेहरा ऊपर किये बग़ीचे में खड़ी हो जाती, तो कभी खिड़कियाँ खोल कमरे में जग्गू दादा को सुनते हुए मुस्कराती रहती। फिर धीरे से बुदबुदा उठती—

"बारिश...तुम रोज़ आया करो।"

तो ये थी उन दिनों की बात जब लड़की इश्क़ में नहीं थी।

फिर एक दिन जाते आषाढ़ की एक उतरती शाम लड़की जाने कैसे एक लड़के के सीने से लग गई। दो दिलों ने एक-दूसरे की उँगली थाम ली। इश्क़ यूँ दाख़िल हो गया दबे पाँव लड़की की ज़िन्दगी में। पगली लड़की अब दीवानी भी हो गई और जोगन भी।

आषाढ़ बीता। बरसात आई। बादल झरे लड़की के आँगन में।

लड़की का शहर भीग रहा है। भीगी चिड़ियाँ गीली शाख़ों पर बैठी अपने पंख झटक रही हैं, गिलहरियाँ दुबकी बैठी हैं केले के पत्ते की

छतरी के नीचे। फूलों पर बारिश अपने चुम्बन बिछा रही है। चींटों की क़तारें नीम के पेड़ से नीचे उतर रही हैं। बच्चे चड्डी पहने चहबच्चों में कूद रहे हैं।

इस लड़की को कितना ख़ुश हो जाना चाहिए ना। पर लड़की हैरत में है कि वह पहले की तरह नाच क्यों न उठी है? क्या है जो उसे बेतरह उदास कर रहा है?

उसका जी चाहता है कि लड़के के हाथों में हाथ डालकर वह इस बारिश को जिये। टिप-टिप गिरती बूँदों के बीच खड़ी होकर लड़के के मुख पर चुम्बनों से एक नज़्म लिख दे। लड़के की सबसे छोटी उँगली थाम भीगते हुए दूर तक, देर तक चलती जाए।

ख़ुशी की जगह बेचैनी ने ले ली है। एक ख़्वाहिश सीने में पिंजरे में बन्द मैना की तरह फड़फड़ाती है। दिल डूबता है, नब्ज़ धीमी हो जाती है। लड़का कितना निष्ठुर है। क्या उसे बारिश नहीं दिखती, क्या उसे किसी पगली की याद नहीं सताती?

लड़की का मन भर आया है। आँखें बारिश से मुक़ाबला करने की ठान बैठी हैं। लड़की ज़ोर से खिड़की बन्द करती है और बड़बड़ाती है—

"तुम दफ़ा हो जाओ यार बारिश, दिमाग़ ख़राब न करो।"

तभी वाट्सएप पर एक मैसेज झिलमिलाया है—

'ओये लड़की...बाहर आ जल्दी। तेरे घर के सामने खड़ा हूँ' और बाहर से हॉर्न की तेज़ आवाज़ आई है।

लड़की हवाई चप्पलों में, घर की स्कर्ट में, बिखरे बालों में दौड़ती घर से बाहर भागी है। जाकर कार में बैठी है और लड़के की सबसे छोटी उँगली कसकर थाम विंडो से बाहर चेहरा निकाल बारिश के कानों में फुसफुसाई है—

"सॉरी दोस्त, रुकी रहना। जाना मत।"

"ये क्या ख़ुद से बातें कर रही है?" लड़का पूछ रहा है।

"कुछ नहीं।" और लड़की ने एक बोसे से लड़के के गालों पर एक छोटी-सी नज़्म लिख दी है।

लड़का हँस पड़ा है, "पगली है पूरी।"

"हाँ, हूँ तो।" लड़की ख़ुद बारिश-सी हो गई है। लड़का भीग रहा है। टेप पर गाना बज रहा है—

बस इतनी सी तुमसे गुज़ारिश है
ये जो बारिश है
इसमें तेरी बाँहों में मर जाऊँ
बस इतनी सी छोटी इक ख़्वाहिश है...

यार आकर गले लगा ले ना

लड़का बाईस बरस का था और लड़की तेईस बरस की। दोनों उस रोज़ एक गुलमोहर के तले एक बेंच पर बैठे थे। दोनों एकदम ख़ामोश थे, एक ऐसी बेचैन उमस सरीखी चुप्पी पसरी हुई थी जैसे पानी बरसने के ठीक पहले होती है। कुछ होने का इन्तज़ार...बड़ी तकलीफ़ से मर-मर के बीतता वक़्त।

लड़की बार-बार लड़के को कातरता से देखती, फिर वह कातरता एक अनचाही कठोरता में बदल जाती और लड़की दूसरी ओर देखने लगती। लड़का शान्त दिखाई पड़ता था मगर उसके चेहरे पर प्रेम की पीली उदासी छाई हुई थी।

दो दिन पहले दोनों का झगड़ा हुआ था। दो दिन पहले ठीक इसी बेंच पर बैठे थे दोनों और लड़की ग़ुस्सा होकर चली गई थी। लड़का बैठा रहा था देर तक। लड़का अगले दिन भी आकर बैठा था। लड़की नहीं आई थी। तीसरे दिन लड़की आई थी और दोनों के बीच असहनीय ख़ामोशी की बर्फ़ जमती जा रही थी। लड़की की ग़लती थी और वह पछता रही थी। माफ़ी माँगना चाहती थी मगर शब्द जैसे बाहर न फूटते थे।

अचानक उसने लड़के को देखा और कुछ कहने को होंठ खोले...

लड़के ने अपनी पसीजी हथेली उसके होंठों पर रख दी और कहा, "ना...कभी माफ़ी मत माँगना, बस गले लग जाना।"

लड़की लपककर लड़के के गले लग गई। लड़के की गुलाबी क़मीज़ भीगती रही। आख़िर उमस के बाद सुहानी बरसात हो गई। गुनगुनी ऊष्मा से सारी बर्फ़ पिघल गई।

अब लड़का सत्तर बरस का है और लड़की इकहत्तर बरस की।

दोनों ग़लतियाँ करते हैं और कभी माफ़ी नहीं माँगते, बस गले लग जाते हैं।

लड़का शरारत से कहता है, "अगर ग़लतियों का नतीजा इतना हसीन हो तो कोई भला क्यों ख़ुद को और किसी को ग़लती करने से रोके!"

लड़की लाड़ से मुस्करा देती है और कहती है, "जो ग़लती करना आसान बना दे, वही है सबसे प्यारा साथी।"

दो बूढ़े चेहरों पर झुर्रियों की अनगिन लहरों में जुड़वाँ गुलाबी मछलियाँ तैरने लगती हैं।

जीत गई तो पिया मोरे, हारी पी के संग

"सुनो...मुझे कुछ कन्फ़ेस करना है।"

"कहो...क्या बात है?"

"शायद मैं तुमसे उतना प्यार नहीं करती, जितना तुम करते हो। दरअसल मैं स्वार्थी हूँ।"

"अरे...ऐसा क्यों लगता है तुमको? मुझे तो तुम्हारे प्यार में कभी कोई कमी नहीं दिखती। हमेशा ख़ुद को तुम्हारी आँखों, होंठों, बातों से छलकते हुए प्यार से सराबोर ही पाया है। कितना तो चाहती हो तुम मुझे।"

"हाँ, चाहती हूँ मगर अपने लिए। यानी प्रेम मेरी ज़रूरत है। अगर मैं सौ बार तुम्हें गले से लगाती हूँ न तो दरअसल बीस बार ही तुम्हें गले लगाती हूँ, अस्सी बार मैं तुम्हारे गले लगती हूँ। और ठीक यही रेशियो तुम्हें कॉल करने, तुम्हें चूमने, तुम्हारे साथ घूमने और तुम्हारे साथ सोने में भी रहता है। बीस बार तुम्हारे लिए...अस्सी बार अपने लिए।

"हम्म...लेकिन इसमें कौन सी बड़ी और अनोखी बात है?"

"लोग झूठ कहते हैं कि प्रेम सिर्फ़ देने का नाम है...अगर यह

सही है तो इसका मतलब कि मैं तुमसे प्रेम नहीं करती। लेकिन मैं इतना जानती हूँ कि हमारा प्रेम बराबर का है। क्योंकि जब मैं तुम्हारे गले लगी तो मैंने अस्सी बार महसूस किया कि तुम भी मेरे गले लगे। दोनों में से किसी ने दूसरे को गले नहीं लगाया।"

"पगली...इतना दिमाग़ मत लगाया कर। हम सब ऐसे ही प्रेम करते हैं...सिर्फ़ देने के लिए नहीं, पाने के लिए भी। बीस देने के लिए और अस्सी पाने के लिए। ये आदर्श और व्यावहारिकता का हसीन फ़र्क़ है जानेमन। चलो...अब कॉफ़ी पीने चलें? अस्सी रुपये तुम देना, बीस मैं दूँगा।"

दोनों हँसते हुए फिर से गले लग गए। नहीं-नहीं...इस बार गले लगे नहीं बल्कि दोनों ने एक-दूसरे को गले लगाया था।

क्या क्या हुआ है हमसे जुनूँ में न पूछिए

क्लास की टॉपर लड़की को इश्क़ हो गया उस फंटूश लड़के से जो परीक्षा की रात जैसे-तैसे कुछ प्रश्न का रट्टा मारता और पास होने लायक़ नम्बर ले आता।

लड़की ने क्वार्टरली और हाफ़ इयरली दो परीक्षाओं में लगातार टॉप किया था और अब तीसरा और फ़ाइनल एक्ज़ाम हो चुका है।

"अगर मैंने टॉप किया तो तुम मुझे क्या गिफ़्ट दोगे?"

"एक आइसक्रीम खिलाऊँगा।"

"बस्स...केवल एक आइसक्रीम!" लड़की तुनक गई है।

"हाँ...तू अगर सेकेंड आई तो एक सरप्राइज़ डेट पर ले जाऊँगा और थर्ड आई तो मूवी दिखाऊँगा।"

"ये लो...मैं हमेशा टॉप करती हूँ और सबसे अच्छा गिफ़्ट का ऑप्शन सेकेंड आने पर रखा है। कंजूस ही नहीं, भारी कमीना भी है तू।"

"अब जैसा भी हूँ मदाम, आपका ग़ुलाम हूँ।

दस दिन बाद रिज़ल्ट आया। लड़की टॉप करने से चूक गई। इस बार सेकेंड आई।

"टेंशन मत ले पगली, चलता रहता है ये तो।" उदास बैठी लड़की को लड़का समझा रहा है।

"हम्म...बस एक बात की ख़ुशी है कि मुझे एक सरप्राइज़ डेट मिलेगी। "लड़की शरारत से मुस्कराई है।

"जी, मदाम।"

"पर एक बात बता, तूने कैसे सेकेंड पोज़िशन के लिए सबसे प्यारा गिफ़्ट चुना?"

"मदाम...टॉपर जब लफंगे से प्रेम करे तो उसे पता होना चाहिए कि लफंगे कोर्स की किताबों में भले ही फिसड्डी हों मगर दो नम्बर के कामों में एक नम्बर होते हैं। गधी...मैं तेरा रिज़ल्ट पहले ही पता कर आया था।"

"तू सचमुच कमीना है...।" लड़के को छोटे-छोटे मुक्के मारते लड़की रो पड़ी और लड़के के सीने से लग गई।

लड़का खिलखिला उठा, "मेरी रोतलू टॉपर।"

लड़की ने भले टॉप न किया लेकिन इश्क़ तो फिर से टॉप कर गया।

अभी अधूरे हैं गीत मेरे अभी अधूरी सी दास्ताँ है

लड़का और लड़की तीन साल से अच्छे दोस्त थे। पक्के दोस्त भी नहीं, बस दोस्त थे। एक-दूसरे का सम्मान करते, एक-दूजे को पसन्द करते, एक-दूसरे से कई टॉपिक्स पर डिस्कशन करते, ज़रूरत पड़ने पर ख़ुशी-ख़ुशी एक-दूसरे की मदद करते। प्रेम जैसी कोई बात दोनों में से किसी के मन में कभी न आई थी। फिर ना जाने कैसे, किस घड़ी में एक नन्हा सा बीज लड़के के मन में अँखुआ गया। क्या है ये कुरकुरी-सी बेचैनी जो न जागने देती, न सोने देती है? कैसे हर शै में लड़की की सूरत उभर आती है? क्यूँ उसके सामने आते ही दिल थरथराने लगता है? लड़के ने कई दिन इन्ही प्रश्नों के उत्तर खोजने में लगा दिए। फिर एक दिन वह जान गया कि उसे लड़की से मुहब्बत हो गई है। लड़की पहले की तरह ही अच्छी दोस्त है। मुहब्बत से कोसों दूर सहज, शान्त, प्रफुल्लित। उसे लड़के के दिल में उठ रही अनगिनत लहरों का लेशमात्र आभास भी नहीं।

लगभग तीन महीने तक लड़के ने दिल में बात दबाए रखी। कैसे कहे? कहे भी कि नहीं? कहीं दोस्ती ख़त्म तो न हो जाएगी? आख़िर

जब व्याकुलता पीड़ा देने लगी तब एक शाम लड़के ने ज़माने भर का साहस बटोरकर लड़की से कहा—

"सुनो...नाराज़ न होना। पिछले कुछ दिनों से तुम्हारे लिए कुछ अलग फ़ील कर रहा हूँ।"

लड़की के लिए यह शब्द एकदम अनपेक्षित। एकबारगी चौंकी, कुछ कहने को मुँह खोला इसके पहले ही लड़के ने पूरी विनम्रता से आगे कहा—

"मुझे पता है...तुम ऐसा फ़ील नहीं करतीं। मुझे तुमसे यह उम्मीद भी नहीं है कि तुम भी मुझे प्रेम करो। बस अपने मन की बात मुझे शेयर करनी थी। अगर बुरा लगा हो तो माफ़ करना।"

"शुक्रिया कि तुम जैसा अच्छा लड़का मुझे प्रेम करता है। लेकिन मेरे मन में ऐसी कोई भावना नहीं है। मुझे चाहने के लिए फिर से शुक्रिया।" लड़की का लहज़ा बेहद नर्म था।

शाम बीत गई। बात बीत गई। पर कुछ था जो नहीं बीता। प्रेम तो ज्यों का त्यों था। लड़के के मन में दिन-रात बढ़ता, आकार लेता। लड़की एकतरफ़ा प्रेम की पीड़ा से अनभिज्ञ नहीं थी। उसे बुरा लगता कि वह एक निष्कलुष, ख़ूबसूरत और इतने सौम्य दोस्त को प्रेम का प्रतदिान नहीं दे पा रही है। वह प्रेम में पड़ने के लिए उत्सुक नहीं थी लेकिन लड़के की पीड़ा को कैसे भी कम करना चाहती थी।

लड़का उससे पहले की तरह मिलता रहा। दोबारा लड़के ने उससे कभी कुछ नहीं कहा मगर उसकी उदास आँखें देख लड़की भी उदास हो जाती। एक बेचैन प्यास से व्याकुल लड़के का चेहरा देख उसका दिल डूबने लगता। कभी लगता कि वह भी लड़के की तरफ़ खिंची जा रही है, कभी लगता कि यह केवल लड़के के प्रति करुणा का भाव है, और कुछ नहीं।

एक दिन इसी ऊहापोह में देर रात लड़की ने एक कविता लिखी जिसका कोई अन्त नहीं था। एक अधूरी कविता जो मुकम्मल होने के इन्तज़ार में ड्राफ़्ट में जाकर दुबक गई।

क्या कहूँ प्रेम का इज़हार करते उस सौम्य पुरुष को?

'हाँ' कह दूँ क्या?

या पैर के अँगूठे से फ़र्श कुरेदते हुए नीची नज़र किये एक सपाट वाक्य उसके हथेली पर रख दूँ—

"ना...मुझे प्रेम नहीं है।"

कौन दुख के विशाल अरण्य में क़दम धरे अपने
कौन गुमाये ख़ुद को उस भूलभुलैया वर्षा वन में उम्र भर के लिए
प्रेम की पीड़ा सबसे ऐश्वर्यपूर्ण है
मगर इसकी क़ीमत दिल को निचोड़ कर अर्पित किया लहू है

जाऊँ अगर दिल पक्का और आँखें बन्द करके तो
अंगारों पर नृत्य करना होगा
उदासी की धुन पर गीत बुनने होंगे
प्रेमी के सीने पर आँसू रोपने होंगे
अपने ही दिल को कटार की धार पर रखना होगा
विदा के उस कठिन पल की हर पल प्रतीक्षा करनी होगी
हर पल मरकर जीना होगा

क्या करूँ?
हाँ कहकर ख़ुद को मिटा दूँ और
जोगन बन जाऊँ या
जाने दूँ यूँ ही और बचा लूँ ख़ुद को
एक दरिद्र सुख भोगने के लिए

प्रेम से रिक्त होना दरिद्र होना नहीं तो और क्या है...

यहाँ कविता अधूरी रह गई। कविता का अन्त नहीं हो सका... लड़की रोज़ कविता पूरी करने की कोशिश करती और वैसे ही अधूरी वापस रख देती। उसे ख़ुद अपनी कशमकश का जवाब कहाँ पता था!

फिर कुछ और दिन बीते। लड़का पहले की तरह मिलता रहा, रात को पहले की तरह ही रेयर ग़ज़लों के लिंक भेजता रहा, सुन्दर-सुन्दर कविताएँ भेजता रहा। लड़की की उधेड़बुन बढ़ती गई। आख़िर लड़की ने एक दिन यह सब ख़त्म करने का निर्णय लिया। उसने तय किया कि वह लड़के से मिलकर साफ़-साफ़ कहेगी कि यह सब सम्भव नहीं है। इसलिए वह भी अपने मन से इन फ़ीलिंग्स को निकाल दे वरना वह ख़ुद भी दुखी होगा और उसके दुख से वह भी दुखी होगी। इस सबसे दोस्ती भी प्रभावित होगी। अच्छा निर्णय था...समझदारी भरा, माक़ूल।

अगले दिन लड़की लड़के से मिली। लड़के को स्पष्ट शब्दों में सब कुछ समझा दिया जो कुछ सोचकर बैठी थी। लड़का बोला, "तुम्हारी हर बात का सम्मान है। मैं कोशिश करूँगा कि ये भावनाएँ मन से निकाल दूँ। तुम कहोगी तो मिलूँगा भी नहीं तुमसे।"

"आय एम रियली सॉरी कि मैं तुम्हें प्रेम न कर पाई," लड़की की आवाज़ गीली थी।

"नहीं...सॉरी क्यों? ये सब हमारे हाथ में थोड़े ही है।"

"फिर भी...बुरा लग रहा है।"

"ना...बिलकुल बुरा फ़ील न करो।"

"सुनो...तुम्हारा शुक्रिया कि मुझे तुमने चाहा। जाने से पहले क्या मैं तुम्हें हग कर सकती हूँ? तुम्हें गले लगाकर शुक्रिया कहना चाहती हूँ।" लड़की का स्वर एकदम धीमा व मुलायम था।

"हाँ...।"

और लड़की लड़के के गले लग गई। ओह...ये क्या! पन्द्रह मिनट बीत गए। दोनों एक-दूसरे के गले लगे खड़े हैं। लड़की की आँखें यूँ

बन्द हैं जैसे एक अन्तहीन प्रतीक्षा ख़त्म हुई हो। यह स्पर्श क्या वही नहीं था जिसकी तलाश इनसान जीवन भर करता है? प्रेम का स्पर्श...।

क्या अपने दिल से चिपककर धड़कता ये दूसरा दिल वही नहीं था जिसको ये दिल कब से खोज रहा था।

लड़का और लड़की दोनों मौन, स्तब्ध अनूठे एहसास से भरे हुए, उसे जीते हुए। लड़का कुछ देर बाद चला गया। बिन कुछ कहे।

लड़की की आँखों में आँसू उमड़ते थे। लड़की कुछ मिनटों पहले प्रेम में नहीं थी और अब गहरे प्रेम में है। उस रात लड़की ने अपने पुराने ड्राफ़्ट से वो अधूरी कविता निकाली और इन शब्दों से उसे पूरा किया—

कहते हैं स्पर्श सबसे ईमानदार उत्तर देता है
सच ही तो है
धड़कनों ने धड़कनों को छुआ और
देखो तो ज़रा,
अभी अभी मेरी आँख में उग आया है शगुन का पहला मोती

कविता मुकम्मल हुई...और लड़के-लड़की की प्रेम कहानी भी।

क्या कहूँ तुमसे मैं कि क्या है इश्क़

"मैं बुक स्टोर तक जा रहा हूँ, तेरे लिए कुछ लाऊँ?" लड़की के दोस्त ने घर में क़दम रखती लड़की से पूछा।

" *चीड़ों पर चाँदनी* लेते आना।"

"ओके।"

दोस्त चला गया, लड़की उसके ड्राइंग रूम में बैठकर कोई पत्रिका पलटने लगी। दोनों दोस्त साहित्य के शौक़ीन। दिन-रात किताबों पर बात करते, किताबें अदला-बदली करते और कभी-कभी एक साथ एक ही किताब पढ़ते। दोनों के दोस्तों को लगता था कि ये ज़रूर एक-दूसरे से प्रेम करते हैं। कैसे रह सकते हैं इतने एक जैसे दो बेहद बुद्धिमान लोग बिना प्रेम किये!

लड़के का छोटा भाई बड़े से एकदम उलटा। सेकेंड डिवीज़न पास होता, दिन भर पतंग उड़ाता या क्रिकेट खेलता, किचन में नई-नई रेसिपी ट्राय करता और दोनों दोस्तों को बड़े शाही अन्दाज़ में पेश करता। दोनों भाइयों में पाँच साल का अन्तर था मगर वह भाई का भी नाम ही लेता था और उसके दोस्तों का भी।

दोस्त बुक स्टोर चला गया, लड़की पत्रिका पलटते-पलटते छत पर हुए शोर से चौंकी और छत पर चली गई। दोस्त का छोटा भाई पतंग उड़ा रहा था और लगातार तीन पतंगें काटकर हैट्रिक बनाने की ख़ुशी में छत पर मिथुन चक्रवर्ती बना हुआ था। लड़की उसे देखकर अपनी हँसी न रोक सकी और भाई ने उसे भी अपने अफ़लातूनी डांस में खींच लिया। अब दोनों *आय एम अ डिस्को डांसर* पर डांस कर रहे थे।

"कभी पढ़ भी लिया कर, परीक्षा सर पर हैं।" लड़की बैठकर हाँफती हुई बोली।

"सब आता है मुझे, तू ये माँझा पकड़ ज़रा, उलझ गया है।" लड़के ने नई पतंग में माँझा बाँधते हुए जवाब दिया।

"हम्म...ला दे।"

लड़की चरखी पकड़े बैठी थी, लड़का बुरी तरह उलझे माँझे को सुलझा रहा था। लड़की ने चरखी को सावधानी से नीचे रखा और उलझा माँझा सुलझाने में मदद करने लगी। माँझा सुलझाते-सुलझाते उसकी नज़र लड़के से मिली और यही वह पल था जब अपने मन के धागे कहीं बिंधा बैठी। लड़के के माथे पर बिखरे रेशमी बाल, उसके चेहरे पर दमकती पसीने की नन्ही-नन्ही बूँदें और निचला होंठ दबाए जतन से माँझे को सुलझाते उस नटखट लड़के की सूरत ऐसी उसके दिल पर छपी कि लड़की एक पल में हीर हो गई। उस रात लड़की सो न पाई। एक अनबूझी हलचल उसके प्राण लिये रही। ओह, ये क्या कर बैठी पागल लड़की! दोस्त के पाँच साल छोटे भाई से प्रेम कर बैठी!

'क्या कहूँ? क्या करूँ? ये क्या हो रहा है मुझे।' लड़की रात भर करवटें बदलती रही।

'नहीं...यह सही नहीं है। मेरे दोस्त का छोटा भाई है वो। हमारा कुछ नहीं हो पाएगा और उस बेचारे को तो पता भी नहीं है। मैं अब उसके घर नहीं जाऊँगी। कभी नहीं जाऊँगी।'

लड़की उस दिन के बाद लड़के के घर कभी नहीं गई। दोस्त आता मगर वह न जाती। पूछने पर पढ़ाई की व्यस्तता का बहाना बना देती। मगर हर रात फूट-फूटकर रोती। इश्क़ कैसा जानलेवा होता है, वह ख़ूब समझ गई थी।

बरबस ही उसे अज्ञेय के *नदी के द्वीप* की नायिका की पंक्तियाँ याद हो आतीं।

'dearest...The pain of loving you is more than I can bear'

वक़्त बदल गया, नायिका बदल गई थी, नायक बदल गया था पर कमबख़्त दर्द न बदला। उतना ही असहनीय, उतना ही मारक।

आख़िरी इम्तहान होते ही बिना किसी से कुछ कहे वो आगे की पढ़ाई के लिए अपनी बुआ के घर दिल्ली चली गई। साल भर बाद वापस छुट्टियों में लौटी तो घर पर गुमसुम बैठी रहती थी। साल भर पहले बिंधा मन वैसे ही बिंधा हुआ था और पके घाव-सा टीसता था। कई बार मन होता एक बार जाकर उसको एक नज़र देख आए मगर पैर न उठते थे। आँख भर-भर आती थी।

लौटने के दो दिन बाद अपने कमरे में गुमसुम बैठी थी तभी दरवाज़े की घंटी बजी। दरवाज़ा खोला तो दोस्त अपने भाई के साथ आया हुआ था। देखते ही दिल बुरी तरह धड़क उठा।

"मैं तुझसे कितना नाराज़ हूँ, कुछ अन्दाज़ा है? तू बदल गई है।" दोस्त लड़की के सामने बैठा था और शिकायत कर रहा था।

लड़की कुछ जवाब न दे पाई और धीरे से सर झुका लिया। उसकी आँखों में फिर से पानी तैर आया था।

"पागल लड़की...कहा तो होता एक बार। मेरा ये पागल भाई भी साल भर से मेरे भाई जैसी हरकतें नहीं कर रहा। इतना शरीफ़ और शान्त हो गया है कि भरोसा नहीं होता कि मेरा वही बन्दर भाई है।"

लड़की को हैरत से अपनी ओर देखते पाकर दोस्त शरारत से मुस्कराया और बोला, "मैं जा रहा हूँ, अब तुम्हीं आपस में समझो" और कमरे से बाहर चला गया।

लड़की सकपकाई बैठी थी। लड़का उसके एकदम क़रीब आया और हाथ पकड़कर बोला, "उस दिन माँझा सुलझाते सिर्फ़ तेरा मन ही नहीं उलझा था, मैं भी अटक गया था तेरी नज़रों में। तू ऐसी दुष्ट निकली कि न आई और न कुछ कहने का मौक़ा दिया। शहर से भाग गई वो अलग। मुझे भी ऐसी दुष्टनी से ही मुहब्बत होनी थी।" कहते-कहते लड़के का स्वर भीग गया।

लड़की के ठहरे आँसू बह निकले। लड़की के आँसू पोंछते हुए लड़का बोला, "ये सिर्फ़ एक ही बार था या शादी के बाद भी यूँ ही तड़पाएगी मुझे?"

लड़की साल भर में पहली बार अपने रोम-रोम से खिलखिलाई और लपककर लड़के की बाँहों में समा गई। अब जाकर उलझा माँझा सुलझा था और पतंग लहराती हुई उड़ चली थी दूर आसमान में।

बस इक ख़ता की मुसलसल सज़ा अभी तक है

"जब तुम कष्ट में थीं, तब मैंने तुम्हारा साथ छोड़ दिया। इस दर्द से, इस गिल्ट से कैसे बाहर आऊँ? तुम्हारी माफ़ी भी इस गिल्ट को कम नहीं कर पा रही। क्या अब तुम्हारे किसी भी काम आ सकता हूँ?"

लड़का लगभग गिड़गिड़ाते हुए लड़की से कहता...जब मिलता, तब कहता। बार-बार कहता। आँखों में पानी तो न होता मगर लड़का समूचा पानी-पानी हुआ रहता। लड़की उसके दुख से दुखी हो जाती।

पछतावे का दुख सबसे बड़े दुखों में से एक है। कुछ ऐसा हो गया जो अब वापस ठीक नहीं किया जा सकता। समय को पीछे नहीं घुमाया जा सकता। टूटा हुआ पत्ता पेड़ में वापस नहीं लगाया जा सकता। हाँ, बीती हुई भूलों से सीख ली जा सकती है। वह भूल दोबारा न हो, यह सुनिश्चित किया जा सकता है।

लड़की कहती, "भूल जाओ अब। अब मैं बेहद ख़ुश हूँ। वह दुख गुज़र चुका। उसे केवल जीवन-यात्रा के एक पड़ाव की तरह निरपेक्ष भाव से देखती हूँ। तुम्हें कब का क्षमा कर चुकी हूँ। कोई रंज, कोई

शिकवा, कोई नफ़रत नहीं तुम्हारे लिए। हाँ, प्रेम भी नहीं लेकिन दोस्त हो तुम मेरे। कोई मलाल मत रखो दिल में।"

"तुमने कितना कष्ट भोगा, यार! उसे कैसे ठीक करूँ?" लड़के के मन में जैसे कोई बरछी धँसी हो। हृदय में लगातार गड़ती, लहू टपकाती।"

लड़की उसे इस तरह दुखी देख सोचती—'काश, मुझे वही दुख दोबारा मिल जाए और अब ये मेरा साथ देकर अपने पछतावे से मुक्त हो जाए।'

लेकिन दुख माँगने से नहीं आता। सुख की चाह में जहाँ लोग मन्दिर, मस्जिद, पीर, बाबा से लेकर कितने-कितने टोटके करते हैं, उसी सुख की चाह से भरी हुई दुनिया में कोई ऐसा भी है जो दुख की चाह रखे हुए है। वह भी ऐसा दुख जिसको भोगते वक़्त बार-बार मर जाने की इच्छा पैदा हो जाया करती थी। कोई दुख की भी कामना कर सकता है, यह बात दुख को कैसी लगती होगी? क्या वह ख़ुश होता होगा या दुख माँगने की किसी इनसान की विवशता पर दुखी होता होगा? बिना विवश हुए कोई दुख कैसे माँग सकता है! कोई मृत्यु माँगे उसकी कई विवशताएँ हो सकती हैं लेकिन दुख माँगने को विवश सिर्फ़ प्रेम कर सकता है या फिर कोई ऐसी इनसानियत से भरी रूह जो दूसरों के कष्ट दूर करने को दुख की चाहना रख सकती है।

लड़की कहती है कि अब उसे उस लड़के से बिलकुल प्रेम नहीं है जिससे बिछड़ने के बाद तीन साल वह गहरे अवसाद में थी और उसी अवसाद के वक़्त साथ छोड़ देने के लिए लड़का शर्मिंदा था।

लड़का बस कैसे भी अपने अपराधबोध से मुक्त हो जाए। वो लड़की के लिए कुछ करना चाहता है। कैसे भी एक बार लड़की मौक़ा दे दे। धन से, समय से, भावनाओं से...कैसी भी मदद लड़की की। लड़का प्रेम में है लेकिन प्रेम से अधिक अपराधबोध में है। उसे लड़की के पास उसका प्रेम नहीं लेकर गया, पछतावा लेकर गया है, मुक्ति की चाह

लेकर। कैसा गहरा होता होगा वह अपराधबोध जिसे मुक्त हृदय से दी गई क्षमा भी कम नहीं कर पाती हो।

लड़की भी प्रेम में है। वह ख़ुद नहीं जानती कि बिना प्रेम में हुए कोई कैसे दुख की चाहना कर सकता है। लेकिन लड़की प्रेम से अधिक लड़के की लज्जा से दुखी है। वह लड़के से प्रेम के कारण नहीं मिलती बल्कि उसे बार-बार यह यक़ीन दिलाने के लिए मिलती है कि वह सचमुच उस वक़्त को भूल चुकी है, लड़का भी भूल जाए।

"यार, बहुत कोशिश करता हूँ कि सब भूल जाऊँ लेकिन रात को नींद टूट जाती है इस बेचैनी में कि आख़िर तुमको कैसे मैंने वो कष्ट अकेले भोगने के लिए छोड़ दिया! कितना ख़राब और स्वार्थी इनसान हूँ मैं!" लड़का कुछ दिनों बाद फिर से लड़की के सामने बैठकर कह रहा है।

"तुम स्वार्थी इनसान थे लेकिन अब नहीं हो। अपनी ग़लती पर पछताने से उस ग़लती का सुधार हो जाता है। तुम ख़राब इनसान भी नहीं हो। हाँ, छोटे दिल वाले ज़रूर हो!" लड़की एकदम दृढ़ स्वर में कह रही थी।

"मैं कुछ समझा नहीं!" लड़का उलझ गया इन शब्दों से।

"जानते हो, माफ़ी माँगने के लिए बड़ा साहस और माफ़ कर देने के लिए बड़ा हृदय चाहिए होता है। तुम्हारे पास साहस तो है जो तुम्हें मुझ तक ले आया लेकिन इतना बड़ा हृदय नहीं है कि तुम ख़ुद को माफ़ कर सको। दूसरों को माफ़ करने के साथ हमें ख़ुद की ग़लतियों को भी लगातार माफ़ करते चलना होता है। अगर तुम चाहते हो कि तुम मेरे लिए कुछ करो तो खुले मन से ख़ुद को माफ़ करो। अपने हृदय को इतना विशाल बनाओ, अब तभी मेरे पास आना। अगर इसे सज़ा मानो तो यही है सज़ा, प्रायश्चित्त मानो तो यही है तुम्हारा प्रायश्चित्त और अगर मेरे लिए कुछ करना मानो तो यही है जो तुम मेरे लिए कर सकते हो। जाओ, उतारो अपना बोझ। हो जाओ मुक्त।"

लड़का अवाक् था...उसने इस तरह से कभी सोचा ही नहीं था। लड़की को वचन देकर वह चला गया।

लड़का उसके बाद ठीक डेढ़ साल बाद लड़की के जन्मदिन पर आया है। हाथों में रजनीगंधा के फूलों का एक गुच्छा है। लड़की उसे देख बेहद ख़ुश है।

"जन्मदिन मुबारक हो डियर..." फूल हाथों में थमाते हुए लड़के के चेहरे पे मुस्कान है और आँखों में चमक।

"कितना मुश्किल काम करने को बोला तुमने मुझसे। जिस दिन गया था तो लगा था कि दो ही दिन में तुम्हारे पास लौटूँगा ख़ुद को माफ़ करके। पर इस बात को सीखने में मुझे अठारह महीने लग गए। पहले दूसरों को माफ़ किया। लगभग सबको, जिन्होंने माफ़ी माँगी उनको भी और जिन्होंने कभी नहीं माँगी उनको भी। इतने भर से दिमाग़ में जमी सारी कड़वाहट पिघल गई। फिर रोज़ अपने आप से कहा कि मैं ख़ुद को माफ़ करता हूँ उन सभी भूलों के लिए जो मुझसे हुई हैं और जिन पर मुझे पछतावा है। पहले-पहल तो मैंने ख़ुद को माफ़ करने से एकदम इनकार किया। फिर कुछ रोज़ के बाद अपने प्रति नर्म हुआ। आख़िर ख़ुद को मनाते-मनाते एक दिन आया जब मैं ख़ुद को माफ़ कर चुका था। और आज मैं तुम्हारे सामने हाज़िर हूँ तुम्हारे प्रति प्रेम और कृतज्ञता से भरा हुआ।"

"और मैं भी हाज़िर हूँ तुम्हारे सामने ख़ुशी से भरी हुई। कई बार मन में आया कि कहीं ज़्यादा सख़्त और क्रूर तो नहीं हो गई तुम्हारे प्रति? कहीं तुम कभी न लौटे तो? कहीं तुमसे तुम्हारा दिल हल्का करने का अधिकार छीनकर कुछ ग़लत तो नहीं कर बैठी लेकिन आज तुम्हें यहाँ देखकर कितनी ख़ुश और आश्वस्त हूँ, ये बता ही नहीं सकती। जन्मदिन का इससे बेहतर तोहफ़ा कुछ नहीं हो सकता था।" बोलते-बोलते लड़की का गला भर आया।

एक ख़राब ब्रेकअप, गहरे डिप्रेशन, उससे भी गहरे अपराधबोध और लम्बे अबोले के पीड़ादायी रास्ते से गुज़रकर आज ये दोनों एक-दूसरे का हाथ थामे बैठे हैं। आज ये प्रेमी-प्रेमिका नहीं हैं लेकिन प्रेम के औदात्य और अर्थ को इनसे बेहतर कौन समझा सकता है। प्रेम के सबसे भव्य रूप के दर्शन विरलों के ही भाग्य में होते हैं। प्रेम जिसमें दो लोग निखरकर, सँवरकर बाहर आएँ। प्रेम जिसमें एक-दूसरे के सान्निध्य में दो लोग ग्रो करें।

हाँ...आज ये प्रेमी-प्रेमिका नहीं हैं लेकिन प्रेम में हैं, प्रेम के आनन्द में हैं।

जिस्म दो हो के भी दिल एक हों अपने ऐसे

दोनों ने अपनी पहली डेट में लड़की के घर दिन बिताना पसन्द किया था। दोनों ने ढेर सारी बातें कीं, एक साथ अपनी पसन्दीदा ग़ज़लें सुनीं, नूडल्स और पास्ता खाया और फिर दोनों ने साथ में 'डैडी' फ़िल्म की डीवीडी देखी। फ़िल्म देखते हुए दोनों ही एक-दूसरे से नज़रें बचाकर आँसू पोंछ रहे थे।

दूसरी डेट में दोनों बाहर गए। उन्होंने बोटिंग की, डिनर किया और 'रॉकस्टार' फ़िल्म का नाइट शो देखा। दोनों रोये मगर लड़की ने इस बार छुपाया नहीं। उसका रोना लड़का महसूस कर रहा था। लड़का अभी भी नज़र बचाकर आँसू पोंछ रहा था।

तीसरी डेट में दोनों ने अपने बचपन की बातें शेयर कीं। अपने सुख-दुख साझा किये फिर लड़के के घर पर बैठकर 'इजाज़त' मूवी देखी। इस बार दोनों रोये, लेकिन दोनों ने रोना नहीं छुपाया और रोते हुए कस के एक-दूसरे का हाथ थाम लिया।

"जो रोना आसान कर दे वो सबसे क़रीबी होता है।" लड़का बुदबुदाया था। लड़की ने सुना था और बिना कुछ कहे लड़के को सीने से लगा लिया था।

ज़िन्दगी के अलग-अलग वक़्तों में कोई एक कितना क़रीब होता है ना...।

सच सच अपना क़िस्सा लिख

"चलो, आज हम दोनों अपने-अपने कन्फ़ेशन्स करते हैं। जो भी ऐसी बात है हमारे जीवन की जो अब तक सिर्फ़ अपने मन के तहख़ाने में छुपा रखी है, उसे कह डालते हैं बिना ये परवाह किये कि इसका अंजाम क्या होगा।" लड़की लड़के से बहुत गम्भीर होकर कह रही थी। उसने लड़के के साथ अपनी पूरी ज़िन्दगी बिताने का फ़ैसला किया था और अब लड़के के सामने ख़ुद को पूरी तरह अनावृत कर देना चाहती थी। अपने आप के ख़ूबसूरत और चमकीले हिस्से अब तक लड़के से शेयर करती आई थी, आज अपने अँधेरे कोने और बदसूरत दाग़ भी दिखा देना चाहती थी और लड़के को भी उसकी सम्पूर्णता में देख लेना चाहती थी, उसकी सारी कमज़ोरियों के साथ।

"हाँ, अगर तुम न चाहो कुछ बताना तो तुम पर बंधन नहीं है लेकिन आज मैं अपनी लाइफ़ के वो मोमेंट्स तुमसे शेयर करना चाहूँगी जो मैंने कभी किसी के साथ शेयर नहीं किये।"

"नहीं...मैं भी आज अपनी आत्मा को पूरा खोल दूँगा तुम्हारे सामने...।" लड़का भी उतना ही गम्भीर था।

चन्द मिनटों तक दोनों के बीच एक बेचैन-सी ख़ामोशी पसरी रही। बात शुरू करना पहले कभी इतना कठिन नहीं रहा था। कितना अजीब है ना कि हम अपनी ज़िन्दगी की अनगिनत बातें दसियों बार दोहराते रहते हैं लेकिन एक छोटी-सी बात जो हमारे भीतर के किसी कमज़ोर हिस्से को उघाड़ देती है, उसे व्यक्त करने में इतनी कठिनाई! दोनों ही ख़ुद को तैयार कर रहे थे अपना सबसे निजी कोना एक-दूसरे से बाँटने के लिए। आख़िर लड़की पहले बोली—

"मेरे दो बॉयफ्रेंड रह चुके हैं और दोनों के साथ सो चुकी हूँ मैं।" लड़की ज़मीन की ओर देखते हुए बोल रही थी। लड़की की नज़रों में एक भय-सा था कि न जाने क्या होगा लड़के की आँखों में। कहीं वह मुलायम प्रेमिल नज़र कठोर तो न हो गई होगी?

"ओके...और कोई कन्फ़ेशन या दैट्स इट?" लड़के की आवाज़ एकदम स्थिर थी।

"तुम इनके बारे में कुछ जानना नहीं चाहोगे?" लड़की की आवाज़ में अभी भी एक कम्पन था। जैसे अभी भी लड़के की स्थिर आवाज़ के पीछे किसी अनजाने तूफ़ान को महसूस कर रही हो।

"जो कुछ मेरे जानने लायक़ होगा, वो तुम ख़ुद ही बता दोगी। वैसे भी ये बात मेरे लिए नॉर्मल ही है। मेरे ख़ुद दो अफ़ेयर्स रह चुके हैं और दोनों के साथ ही सेक्स किया है मैंने भी। हम 28 की उम्र में मिले हैं तो हम दोनों के पहले प्रेम सम्बन्ध होना तो यह बताता है कि हमारे हॉर्मोंस एकदम ठीक काम कर रहे हैं।" लड़का मुस्कराया।

"और कुछ बताना चाहोगी?" लड़के की आवाज़ में अब स्थिरता के साथ एक कोमलता भी थी।

"हम्म...मैं एक बार स्कूल में अपनी बेस्ट फ्रेंड की कॉपी घर लेकर आई थी। वो क्लास की सबसे होशियार लड़की थी और मुझे उससे ईर्ष्या होने लगी थी। इसी जलन के मारे उसके पन्नों पर स्याही उड़ेल दी थी

कि वो पढ़ न पाए और उसके मार्क्स कम हो जाएँ।" लड़की की नज़रें अभी भी फ़र्श पर चिपकी थीं।

"फिर क्या हुआ?"

"अगले दिन मेरी बेस्ट फ्रेंड कॉपी देखकर दुखी हो गई लेकिन मुझे एक शब्द भी नहीं कहा क्योंकि वो यह सोच भी नहीं सकती थी कि उसकी सबसे अच्छी दोस्त ने जानबूझकर ऐसा किया होगा। लेकिन मैं रात भर गिल्ट के मारे सो न सकी। फिर भी सचाई बताकर उससे माफ़ी माँगने की हिम्मत नहीं कर सकी। आज तक दोस्ती में वह दग़ा मेरे मन पर भारी पत्थर-सा रखे हुए है। आज तुमको अपना अपराध बताकर कुछ हल्का महसूस कर रही हूँ।"

"हम्म...और कुछ?"

लड़की ने नज़रें उठाकर लड़के की ओर देखा। लड़के के चेहरे पर मुस्कान थी और वही निर्दोष प्रेम से लबालब आँखें। लड़की एकदम से उठी और बहुत ज़ोर से लड़के के गले लग गई। लड़की अपनी निर्वस्त्र आत्मा लड़के को सौंपकर अब निश्चिन्त थी।

"अच्छा...एक बात बताओ। इन दोनों बातों में से तुम्हें गिल्ट किस बात के लिए फ़ील होता है?" लड़के ने पूछा।

"सिर्फ़ अपनी दोस्त के प्रति ईर्ष्या रखकर उसका नुक़सान करने के लिए।"

"हम्म...मैं भी यही सोच रहा था।"

"अब तुम्हारी बारी..." लड़की ने लड़के से कहा।

"हम्म...क्या एक सिगरेट सुलगा लूँ?"

"ज़रूर।"

लड़का सिगरेट के कश ले रहा था। वह ख़ुद के ही साथ बेतरह उलझा हुआ नज़र आ रहा था। लड़की उसे पूरा वक़्त दे रही थी, वह क़तई जल्दी में नहीं थी। अभी थोड़ी देर पहले ही वह इस नाज़ुक दौर से गुज़रकर आई है, इसलिए उस सत्य को उजागर कर देने से ऐन पहले

की इस मनोदशा को समझ रही थी। क्या पता इस सत्य को कह डालने के बाद ज़िन्दगी ही न बदल जाए! क्या जाने एक सत्य अपने साथ क्या बवंडर लिये चला आए! हालाँकि वह भीतर ही भीतर थोड़ी डरी हुई भी थी। न जाने क्या सुनने को मिलेगा!

आख़िर लड़के ने खखारकर अपना गला साफ़ किया है—

"सुनो...मेरे पास बताने को एक ही बात है बस। आज से तीन साल पहले मैं अपने ब्रेकअप के बाद गहरे अवसाद के दौर में था और उसी अवसाद के चलते ऑफ़िस जाना भी बन्द कर दिया था। बस दिन-रात अपने कमरे में अँधेरा करके पड़ा रहता था और रोता रहता था। वह मेरे जीवन का सबसे भयानक दौर था।

कहते-कहते लड़के की साँसें भारी हो चली थीं।

"कोई भी नज़दीक नहीं था जिसके गले लगकर रो पाता या जो मुझे भींचकर कह सकता कि "बस अब और नहीं, सब ठीक हो जाएगा।" तुम जानती हो घनघोर अकेलापन कैसा होता है। जैसे एक लम्बी, अन्धी सुरंग जिससे निकलने का कोई रास्ता नज़र नहीं आता। एक बद्दुआ जब फलती होगी तो ऐसा अकेलापन ही बनती होगी। नींद की गोलियाँ भी बेअसर हो चली थीं। ऐसे ही किसी घोर अवसाद के क्षण में व्हिस्की के कई पैग पीकर जाने किस झोंक में मैं ख़ुदकुशी करने निकल पड़ा। रात के लगभग दस बजे थे। मेरे क़दम ख़ुद-ब-ख़ुद किसी अनजानी राह पर बढ़े चले जा रहे थे। मैं ख़ुद से और इस ज़िन्दगी से बेतरह हताश और हारा हुआ था। एक जुनून-सा था कि जहाँ पुल दिख जाएगा वहीं रुक जाऊँगा और कूद पड़ूँगा।

"उसी बेख़ुदी की हालत में जाने कैसे मैं रेडलाइट एरिया में पहुँच गया था और एक घर का दरवाज़ा खटखटा दिया था। दरवाज़ा खुलते ही मैं अन्दर घुसा और फफककर रो पड़ा था। एक मिडिल एज महिला मुझे यूँ देखकर थोड़ा घबरा गई थी। मैंने अपना बटुआ उसके सामने निकालकर फेंक दिया था, "जितना चाहिए, उतना ले लेना या पूरा ही रख लेना। मुझे यहाँ से जाकर वैसे भी मरना ही है।"

"ठीक से याद नहीं कि उस रात मैंने उस औरत के साथ क्या किया मगर इतना याद है कि मैं उसे जानवर की तरह मसल रहा था, नोच, खसोट रहा था मानो वह पंचिंग बैग हो और मैं अपना सारा ग़ुस्सा, सारी भड़ास उस पर निकाल रहा था। मैं वक़्त से, अपनी प्रेमिका से, अपनी क़िस्मत से, सबसे बदला ले रहा था उस अनजान औरत को प्रताड़ित करके।

"अगली सुबह जब उठा तो वह औरत मुझे अपनी गोद में लिये बैठी थी एक बच्चे की तरह। जाने कब से मेरा सिर उसकी गोद में था और वह बहुत स्नेह से मेरे बालों को सहला रही थी। शायद वह सोई भी नहीं थी सारी रात। मेरे कपड़े मेरे बदन पर थे। मेरे जागते ही उसने मुझे चाय बनाकर दी। मैं उससे पिछली रात के व्यवहार के लिए माफ़ी माँगना चाहता था मगर उसने मुझे यह कहकर रोक दिया कि "माफ़ी माँगने के बजाय एक वादा करो कि अब तुम आत्महत्या के बारे में कभी भी नहीं सोचोगे, तुमने मुझसे ज़्यादा मुसीबतें नहीं देखी हैं।"

"मैं लज्जित-सा सर झुकाए बैठा था। उस औरत से नज़रें मिलाने का साहस नहीं जुटा पा रहा था। अब रात वाला अवसाद मुझ पर हावी नहीं था बल्कि एक भयानक तूफ़ान के गुज़र जाने के बाद जैसी शान्ति थी। उस औरत ने मुझे चाय पिलाई और बिस्किट खिलाए। मैं एक-एक घूँट चाय पीता हुआ उस महिला के बारे में सोच रहा था। बादामी रंग की सिंथेटिक साड़ी, हाथों में दो पतली लाख की चूड़ियाँ, कानों में छोटे-छोटे सोने के बुन्दे पहने वो महिला किसी पड़ोस की आंटी-सी लग रही थी। अगर मुझे यह स्मरण न होता कि मैं यहाँ क्यों बैठा हूँ तो शायद मेरी कल्पना में भी नहीं आता कि यह प्यारी और भली औरत कोई प्रोफ़ेशनल सेक्स वर्कर भी हो सकती है।

"उस स्त्री के व्यक्तित्व में एक अद्‌भुत तेज़ था। जाने किन हालातों में वह इस धंधे में आई होगी मगर यह तय था कि वह एक असाधारण स्त्री थी। मेरी दी हुई तमाम खरोंचों और नीले-काले निशानों के बावजूद उसने मेरा सिर अपनी गोद में रखा था, उसने सुबह मुझे निर्वस्त्र जागने

की शर्मिंदगी से बचाया था, उसने मुझे एक नया जीवन दिया था, वह साधारण स्त्री हो ही नहीं सकती थी। वो मेरे पिछले साढ़े चार महीनों की पहली सुबह थी जब मैं जागने के बाद रोया नहीं था। लेकिन इसके पहले किसी सुबह मेरा सिर किसी की गोद में भी तो नहीं था, किसी ने मेरे बालों में करुणा से उँगलियाँ भी तो नहीं फेरी थीं।

"मैंने उससे वादा किया लेकिन साथ ही कहा कि मैं उसे इस रात के पैसे नहीं देना चाहता क्योंकि पैसे देते ही मैं एक ग्राहक बन जाऊँगा और मैंने जो पाया उसे अपना अधिकार समझने लगूँगा लेकिन दरअसल यह मेरा अधिकार नहीं था बल्कि मेरे ऊपर उस महिला का एहसान था जिसके लिए मैं ज़िन्दगी भर कृतज्ञ रहना चाहता था। अगर वह मुझसे इस रात के पैसे न लेगी तो मेरे ऊपर एक और उपकार होगा।

"वो कुछ पलों के लिए एकटक मुझे देखती रही और फिर बोली, 'तुम बहुत अलग लड़के हो। कल रात मैं चाहती तो गार्ड से तुम्हें बाहर फिंकवा सकती थी। कई बार किया है मैंने ऐसा। लेकिन तुम टूटे, बिखरे मेरे पास आए थे। तुम्हें मुझसे शरीर की नहीं, मदद की आस थी। तुम्हें लौटा देती तो पाप हो जाता मुझसे। हमारा रिश्ता ग्राहक और व्यापारी का हो भी नहीं सकता। मानवता का रिश्ता कायम हुआ है हमारे बीच। तुम्हारे शब्दों ने मुझे सम्मानित किया है।'

"यह कहकर उसने मेरा बटुआ मुझे वापस किया। उस समय उसकी आँखों में एक अनोखा वात्सल्य छलक रहा था। मैंने उसे पैसे नहीं दिए और वहाँ से चला आया। उसके बाद मैं कभी वहाँ नहीं गया। उस रात मरते-मरते मैं जीने की डगर मुड़ गया था। किसी पुल का रास्ता फिर मैंने कभी नहीं खोजा।

"बस यही एक बात है जो आज तक मैंने किसी को भी नहीं बताई है।" लड़का बात पूरी करते-करते बेहद भावुक हो गया था। आँख की कोर गीली हो चली थी। इस वाक़िये से स्तब्ध बैठी लड़की की आँखें भी भर आई थीं।

लड़की उठी और बहुत लाड़ से लड़के को अपनी बाँहों में भर लिया। बड़ी देर तक लड़के का माथा चूमती रही, उसके बाल सहलाती रही जैसे लड़के के उस ख़राब वक़्त में उसके साथ न हो सकने की भरपाई कर रही हो। जैसे उसके अतीत के उन लम्हों को प्रेम से भर देना चाहती हो। लड़का भी एक निरीह छोटे बालक की तरह उससे चिपटा हुआ था।

ये कैसे क्षण आते हैं प्रेमी-प्रेमिका के जीवन में जब वे एक-दूसरे को अपने निजी स्पेस में आमंत्रित कर अपने सबसे सीले, कमज़ोर और टूटन भरे हिस्से दिखाते हैं। उन पलों में यकायक सारे फ़ासले ख़त्म हो जाते हैं, सारी दीवारें ढह जाती हैं। अगर ये क्षण न आएँ तो सारी उम्र साथ गुज़ारने पर भी दो प्रेमी अजनबी ही बने रहते हैं। इन क्षणों से गुज़रने के लिए थोड़ा-सा साहस चाहिए होता है और बहुत-बहुत सारा विश्वास। इन क्षणों से गुज़रना आग से गुज़रना है जिसके बाद या तो सब जलकर नष्ट हो जाता है या तपकर रिश्ता फ़ौलाद-सा मज़बूत हो जाता है।

दस मिनट बाद भय और आशंकाओं की सारी धुंध छँट चुकी थी। दुख बाँटते-बाँटते घट भी गया था। लड़का और लड़की अपना सारा बोझ उतारकर एक नये सफ़र पर चलने को तैयार थे।

"अच्छा बताओ तो...तुम्हें इस वाक़िये में गिल्ट किस बात का है। नशे में उस महिला के पास जाकर रात गुज़ारने का?" लड़की ने सवाल किया।

"नहीं...न नशे में होने का और न उसके घर जाकर रात गुज़ारने का। मुझे गिल्ट और शर्मिंदगी उस महिला से जानवराना व्यवहार करने के कारण है।" कहते हुए लड़के की नज़रें झुकी हुई थीं।

लड़की ने आश्वस्ति भरा हाथ उसकी पसीने भरी हथेली पर रख दिया। कई बार शब्द नाकाफ़ी होते हैं और सिर्फ़ एक कोमल स्पर्श पर्याप्त से भी ज़्यादा।

थोड़ी देर बाद लड़की ने अपना मोबाइल उठाया और कहा कि "आज अपने गिल्ट का बोझ भी मैं उतारना चाहती हूँ। मैं आज अपनी

दोस्त को सब कुछ बताकर उससे माफ़ी माँगूँगी।" इतना कहकर लड़की अपनी दोस्त को फ़ोन लगाने लगी।

"आज मैं भी उस औरत के पास दुबारा जाऊँगा और उसे शुक्रिया कहूँगा। क्या उसके लिए साड़ी पसन्द करवाने में तुम मदद करोगी?"

"बिलकुल करूँगी और तुम्हारे साथ मैं भी उनका शुक्रिया अदा करने उनके घर चलूँगी।"

लड़का और लड़की हाथों में हाथ लिये चले जा रहे थे। वक़्त उन दोनों को जाते हुए देख रहा था और सोच रहा था कि अगले मोड़ पर दोनों अपने-अपने घर के लिए मुड़ जाएँगे, सिर्फ़ ये बँधे हुए हाथ चलते रहेंगे साथ बहुत दूर तक, एक जीवन भर दूर तक।

दिल का घर सुनसान पड़ा है

लड़का-लड़की अपने जीवन के ख़राब दौर से गुज़र रहे हैं। ख़राब दौर क्या है ये लिखना-जानना ज़रूरी नहीं है। दुख का एक ही रंग होता है, दुख का एक ही स्वाद होता है कारण चाहे जो भी हो।

लड़का उदास अधलेटा बिस्तर पर पड़ा है। लड़की उसके पेट पर सर रखे लेटी है। दोनों के चेहरे ज़र्द, दोनों की आँखें ख़ाली। साथ के पलों के ऊपर जो दुख भारी पड़ जाए वो सचमुच का दुख ही होगा, उसका कोई ज़ेरॉक्स नहीं। दोनों बार-बार एक-दूसरे को चूमते हैं, बार-बार एक-दूसरे का सिर सहलाते हैं। प्रेम से दुख को जीतने की भरसक कोशिश कर रहे हैं पर पीड़ा हृदय में बर्फ़ की तरह इस क़दर जमी हुई है कि प्रेम की ऊष्मा भी नाकाफ़ी जान पड़ती है।

"तू देख अपने बटुए में। शायद कभी बचा लिया हो थोड़ा-सा सुख पैसों की तरह।" लड़का छत की तरफ़ ताकते हुए लड़की से कह रहा था।

"नहीं बचाया। कभी सोचा ही नहीं।"

"काश ज़्यादा सुख के दिनों में ज़रूरत से ज़्यादा पड़ रहे सुख को सँभालकर रख लेते, सुख की बचत कर लेते आड़े वक़्त के लिए तो दुख के समय में उसे निकालकर ख़ुश हो जाते।"

"हम्म...तुमने कभी याद ही नहीं दिलाया।"

"वैसे सुख की स्मृतियाँ सुख की बचत ही तो हैं। वो तो हैं न हमारे पास ढेर सारी। चल, उन्हीं को याद करते हैं।" लड़के ने आस से लड़की की ओर देखा।

"नहीं...जैसे दुख की स्मृतियों से सचमुच का दुख नहीं आता, वैसे ही सुख की यादों से सचमुच का सुख नहीं आता।" लड़की का चेहरा उदास ही था।

"कहती तो ठीक हो तुम। दुख को काटना ही पड़ता है।"

"सुनो एक मिनट...मैं समझ गई कि समस्या क्या है। सुख को तो हम कभी नहीं काटते। उसे जीते हैं। दुख को क्यों काटते हैं? दुख भी दुखी हो जाता होगा।" लड़की ने जैसे कोई नया रहस्य जाना। उसके चेहरे पर एक चमक तैर गई।

"सचमुच तो दुख को भी जीना चाहिए। वो ख़ुश हो जाएगा। उसे भी लगेगा कि उसे सुख के बराबर महत्त्व मिला। हम सौतेला व्यवहार करते हैं दुख के साथ। कितना बुरा लगता होगा उसे।"

लड़का भी लड़की की बात से सहमत था।

"अब हम दुख को भी जिएँगे सुख के जैसे ही। मुझे अब दुख पर ही दया आ रही है। ममता हो रही है।" लड़की के मन में कुछ पिघलने लगा था। चेहरे पर करुणा छा उठी।

दुख के लिए कौन दुखी हुआ होगा भला? लड़का-लड़की अपना दुख भूल दुख का दुख महसूस कर रहे थे। दुख को जीने का असर ये हुआ कि ये दुख बीता...सुख आया फिर दुख आया फिर सुख आया। सिलसिला चलता रहा...दोनों जीना सीख गए थे सुख को भी और दुख को भी।

सौ सुख जो नहीं सिखा पाते वो एक दुख सिखा देता है। सिर्फ़ दुख के पास ही होता है ज़िन्दगी के फ़लसफ़े को समझने का मंत्र। एक दुख दोनों को ज़िन्दगी जीना सिखा गया था। अब सुख को जीते हुए लड़का-लड़की उस एक दुख का शुक्रिया अदा करना नहीं भूलते।

हँस रही हैं और काजल भीगता है साथ साथ

लड़की उस रोज़ एक नये शहर में काम से आई थी और अपनी एक सहेली की दोस्त के घर रुकी थी। मेज़बान लड़की ख़ुशमिज़ाज और मेहमाननवाज़ थी। दोनों ने दिन भर ख़ूब धींगामस्ती की। शाम को मूवी देखी और डिनर के बाद घर आकर दोनों सहेलियाँ अपने-अपने स्कूल के क़िस्से सुनाकर ख़ूब हँसीं। दोनों बहुत ख़ुश थीं। वो एक बहुत ख़ूबसूरत मौसम वाला अप्रैल का दिन था। रात बहुत सुहानी और ठंडी थी। लड़की की सहेली ने बहुत पहले से छत पर बिस्तर डाल दिए थे।

रात एक बजे दोनों सोने गईं। ठंडे बिस्तरों पर लेटकर दोनों आसमान में चमकते तारों को देखती रहीं, थोड़ी देर बातें कीं फिर एक-दूसरे को गुडनाइट कहा।

घंटे भर बाद दोनों को एहसास हुआ कि दोनों में से कोई नहीं सोया है।

"नींद नहीं आ रही क्या?" सहेली ने लड़की से पूछा।

"नहीं..." लड़की की आवाज़ में छुपे रुआँसेपन को भाँप सहेली चौंक गई।

"क्या हुआ, कुछ सोच रही है क्या?"

"नहीं तो..."

सहेली उठकर बैठ गई। लड़की का चेहरा अपनी ओर घुमाया।

ये क्या...लड़की का चेहरा आँसुओं से भरा हुआ था। आँखें सूजकर फूल गई थीं।

"क्या हुआ तुझे, तू रो रही इतनी देर से और सिसकियाँ तक छुपा लीं अपनी?"

लड़की सहेली के गले से लिपटकर ज़ार-ज़ार रो पड़ी। रोते-रोते मरी-सी आवाज़ में बोली, "आज उसकी शादी है...अभी फेरे चल रहे होंगे शायद।"

सहेली की आँखों में भी आँसू तैर आए। देर तक लड़की को कलेजे से चिपकाए रही। फिर उसके कानों में फुसफुसाई, "मेरे वाले की शादी अगले महीने है।"

दो अजनबी दुख रात भर एक साथ जागते रहे, अपने आप को एक-दूसरे से बाँटते रहे। सुख से ज़्यादा क़रीब दुख लाता है। दो अजनबी लड़कियाँ दिन भर सुख साझा करती रहीं और दोस्त बन गईं। और रात भर दुख साझा करते-करते पक्की दोस्त बन गईं। दुख और बादल एक जैसे ही होते हैं। जब तक बरसते नहीं, हल्के नहीं होते। रात भर बादल जम के बरसे और सुबह गुनगुनी धूप खिल आई थी।

"बहुत बुरा है तेरा वाला, कभी शक्ल भी न देखूँ उसकी।" सहेली सुबह छह बजे लड़की को छेड़ रही थी।

"नहीं यार, जैसा भी है, है बहुत अच्छा।"

"ओहो...क्या बात है मैडम जूलियट।" सहेली ने लड़की को गुदगुदी करते हुए कहा।

लड़की पहले लजाई फिर उसकी हँसी पके गेहूँ के दानों-सी छनछनाती छत पर बिखर गई।

अगले दिन लड़की अपने घर लौट गई अगले महीने की किसी ख़ास तारीख़ को आने का वादा करके।

क़तरा क़तरा लम्स का जादू

चैत की एक रात का खुला तारों भरा आकाश था। हवा में सर्दी की हल्की खुनक घुली हुई थी। चौथ का चाँद एक परफ़ेक्ट नाइट लैम्प की तरह इतना मद्धम जल रहा है कि लड़का-लड़की एक-दूसरे को सिर्फ़ एक चाँदनी आभा में लिपटे हुए ही देख पा रहे थे।

ये लड़की के घर की छत है चारों ओर से तीन फ़ीट ऊँची बाउंड्री की आड़ बनाती हुई। छत के बीचोंबीच एक बिस्तर बिछा हुआ है, एक ख़ूबसूरत फूलों वाली चादर उस पर करीने से बिछी हुई। बिस्तर के सिरहाने ब्लूटूथ स्पीकर पर बजती हुई हिन्दी की सबसे ख़ूबसूरत प्रेम कविताएँ और घर के पास ही नशीली जंगली गंध से गमकता हुआ महुआ जिसकी एक बड़ी शाख़ छत पर झूल आई है और पके, पीले, रस भरे महुए छत पर टप-टप टपक रहे हैं।

लड़की की सिहरती निर्वसन पीठ एक सफ़ेद काग़ज़ की तरह खुली हुई है और लड़का उसके रोम-रोम पर अपने नर्म होंठों से नज़्में लिख रहा है। हर नज़्म को लड़की आँखें बन्द किये पढ़ती है, हर नज़्म उसके दिल में लफ़्ज़-दर-लफ़्ज़ गूँज रही है। और लड़की की

देह मानो एक सरोद जिसे लड़के की उँगलियाँ राग को शुरू करने के पहले ट्यून कर रही हैं।

स्पीकर पर एक कविता किसी स्त्री की मुलायम आवाज़ में गूँज रही है जिसके पार्श्व में सरोद का मद्धम संगीत है—

जब उतरो मेरी देह में प्रथम बार
आना यूँ जैसे आता है बारिश का मौसम
बन जाना काली बदली
मद्धम फुहारें हो जाना पहले-पहल
भिगो देना तन-मन एक सुहानी रिमझिम से
फिर कहीं जाकर टूट कर बरसना मूसलाधार
बदली को मिटा देना
मुझमें ही कहीं गुम हो जाना

दोनों की साँसें, साँसें नहीं बल्कि तेज़ कुलाँचें भरते मृग हैं। दोनों की धड़कनें, धड़कनें नहीं बल्कि पखावज पर द्रुत गति में बजती एकताल है। लड़की का चेहरा प्यासी धरती है और लड़के के होंठ आषाढ़ की बरखा। दोनों के जिस्म जिस्म नहीं बल्कि दो नदियों का पवित्र संगम हैं। दोनों लज्जा के आवरण से मुक्त। दोनों ने सिर्फ़ प्रेम पहना हुआ।

अपनी पीठ पर लड़की के नाख़ूनों की तेज़ चुभन महसूस कर लड़का एक आह के साथ फुसफुसाया है—

"जंगली बिल्ली कहीं की..."

"जंगली बिल्ली सिर्फ़ खरोंचती ही नहीं काटती भी है..." लड़के के निचले होंठ पर बिल्ली ने हौले से दाँत गड़ाए हैं।

और कविता के स्वरों के बीच हवा में एक हँसी भी खनक गई है जैसे किसी नववधू का कंगन बजा हो।

"तुम्हें पता है तुम्हारी ये हँसली इस दुनिया में एकमात्र जगह है जो मेरी है और मैं सबसे छुपकर इस घाटी में अपना एकान्त बिताना

चाहती हूँ।" लड़की ने लड़के की गर्दन के नीचे साँवले मुलायम गह्वर पर अपने होंठ टिका दिए हैं।

"और ये उजले पहाड़ मेरा घर हैं जहाँ मैं सबसे उदास वक़्तों में आकर सर टिकाना चाहूँगा।" लड़का उन काँपते-सिहरते पर्वतों पर सर रखकर बड़े नर्म स्वर में बोल रहा है।

कविता अपने दूसरे अन्तरे में पहुँच गई है—

आना यूँ जैसे कोई संगीतकार बजाता हो अपना पसन्दीदा वाद्य
मेरी देह को बना लेना सरोद
विलम्बित लय के आलाप से उठाना राग सोहनी का मुखड़ा
सारे सुरों पर ठहरते हुए बढ़ाना राग को हौले-हौले
अन्त में तानों को चार गुन, फिर आठ गुन में ले जाकर
ख़त्म करना बन्दिश और
छन्न से टूट जाने देना सरोद के तारों को

लड़की की हर गहरी साँस के साथ लड़के के कानों में घुलती मीठी कराह कुछ यूँ है जैसे कविता के लफ़्ज़ों को मानी मिल रहे हों। लड़के के काँधे पर एक लाल सेमल लड़की ने खिला दिया है।

"ये सेमल का फूल एक हफ़्ते न मुरझाएगा।" शरारती बिल्ली ने एक आँख दबाई है।

"और एक हफ़्ते बाद ये काँधे की शाख से टूटकर मन में समा जाएगा और इस पर नया फूल खिल जाएगा।"

लड़की की नदी-देह में तेज़ लहरें मचल उठी हैं। लड़के के माथे से पसीने की एक बूँद लड़की के गालों पर गिर आई है। लड़की की गर्दन पर भी पसीना ओस की तरह चमक रहा है। लड़का सरोद पर सोहनी की आख़िरी तीव्र तानें बजा रहा है।

और बड़े ग़ुलाम अली ख़ान कहीं आसमान में गा उठे हैं—'प्रेम जोगन बन के...।'

राग ख़त्म होने को है। लड़की की आँखों की कोरों से सुख की दो लकीरें कानों तक खिंच आई हैं जिन्हें लड़के ने अपनी जिह्वा से अपने हलक़ में उतार लिया है।

सारी कायनात निःशब्द इस अद्भुत संगीत को सुन रही है, दो पन्नों पर रचे जा रहे इस प्रेम काव्य को बाँच रही है, देहों के इस महा-रास को देख रही है।

कविता आगे बढ़ रही है चौथ की इस रात के साथ-साथ—

तुम आना यूँ
जैसे सुबह आ जाती है रात की चादर को धीरे-धीरे हटाती हुई
छा जाना प्रिय बनकर उजाला

भोर का तारा अब सोने की तैयारी में है। देर से भागते दोनों मृग अब विश्राम कर रहे हैं। पखावज पर बजती एकताल अब विलम्बित लय में आ गई है। भागीरथी और अलकनंदा अब गंगा कहला रही हैं। कामनाओं की आँच ठंडी हो गई है और सूरज की पहली किरन के ताप से सुलग उठा है प्रेम-पलाश। एक गहरा चुम्बन ख़ालिस इश्क़ का। एक दृढ़ आलिंगन विशुद्ध प्रेम का।

दो जिस्मों में अपने-अपने घर बनाकर रहते दो मन एक-दूसरे से लिपटे नींद की आग़ोश में हैं। महुआ की घनी टहनी ने दोनों के ऊपर छाँव बिछा दी है। टप्प टप्प...टपक रहा है महुआ रस हौले-हौले।

शश्श...अरी चिड़िया, ज़रा धीरे चहको कि प्रेम की नींद सोती दो जोड़ी आँखों में जागते स्वप्न कहीं चटक न जाएँ।

'जानाँ' इक तस्वीर न हो तो कमरा सूना रह जाता है

लड़की एक दिन भागकर आई थी और लड़के को एक तस्वीर दिखलाई थी।

"द्वितीय विश्वयुद्ध के बाद एक नौसेना अधिकारी ख़ुशी के मारे एक ख़ूबसूरत नर्स को चूम रहा है। नर्स उसके हाथ पर पीछे की ओर झुकी हुई है। लड़के के होंठ उसके होंठों पर हैं।

"जानते हो ये दोनों प्रेमी नहीं हैं। बल्कि ये दोनों न इस पल में एक-दूसरे को जानते थे, न इसके पहले और न इसके बाद। बस एक लम्हे को अमर होना था, इसलिए ये साथ हुए। पर ये तस्वीर मुझे सबसे प्यारी प्रेम तस्वीर लगती है क्योंकि ये तस्वीर प्रेमी-प्रेमिका की नहीं है। ये एक लम्हे में एक पल के लिए उग आए प्रेम की तस्वीर है। क्या आया होगा उस नौजवान के मन में जो इतनी भीड़ में केवल उसी नर्स को जाकर यूँ बाँहों में भर चूम लिया, बिना सोचे कि इसके बाद क्या होगा? जो होगा देखा जाएगा, बस इस वक़्त तो उसे चूमने का दिल है।"

"हम्म...वाकई बहुत प्यारी तस्वीर है।" लड़के ने तस्वीर को ग़ौर से देखते हुए कहा।

"मेरा मन है कि ठीक ऐसी ही तस्वीर हम दोनों की भी हो।" लड़की ने थोड़ा लजाते हुए कहा।

"कल तैयार होकर आ जाना। बनेगी अपनी भी ठीक ऐसी तस्वीर।" लड़के ने शरारत से मुस्कराते हुए कहा।

अगले दिन लड़की साड़ी में आई है। लड़का कोट-पैंट में। लड़के ने कैमरे को सेल्फ़ मोड में कर टेबल पर जमा दिया है और टाइम सेट कर दिया है।

एक-दो-तीन...और लड़का पोज़ लेने के लिए लड़की को कमर से पकड़कर उसके ऊपर झुकता है मगर लड़की पीछे झुकी तो झुकती ही चली गई है।

और इतने में खचाक...तस्वीर खिंच गई।

लड़की का एक पैर साड़ी में उलझा हुआ, लड़का अरे, अरे करता, ठहाके लगाता उसे सँभालता हुआ, बड़ी-बड़ी आँखें किये लड़खड़ाती लड़की के चेहरे पर हँसी फूटकर उभरी हुई।

दोनों ने स्क्रीन पर फ़ोटो देखा और पेट पकड़-पकड़ कर देर तक हँसे। लड़का बोला, "चलो, फिर से ट्राय करते हैं।"

"नहीं...ये दुनिया की सबसे प्यारी प्रेम तस्वीर है। ये पिक्चर किसी लम्हे की नहीं है, ये हमारी तस्वीर है। हमसे ये लम्हा है। पूरे फ्रेम में बस हम दोनों। बात बिगड़ जाने को एन्जॉय करते हुए।" लड़की ने लड़के के गले में बाँहें डालते हुए कहा।

यही तस्वीर जीवन भर दोनों के बेडरूम में बेड के ठीक सामने लगी रही जिसके नीचे कैप्शन था—

"जब-जब बात बिगड़ेगी, हम यूँ ही खिलखिलाएँगे।"

वो तो शायद दोनों का दुख इक जैसा था वर्ना

वो पगली सिर्फ़ हँसना जानती थी। बचपन से ही मैले कपड़ों में पूरे मोहल्ले में भटकती फिरती और जिसे भी देखती 'खी-खी' करके हँस पड़ती और फिर बस हँसती ही रहती देर तक। लोग उसे हिकारत से देखते और गुज़र जाते। कई लोगों को तो उसकी हँसी देखकर रश्क भी होने लगा। बुद्धिमान उसकी हँसी को उसका सुख समझते और अपने जीवन को कोसते।

उसे रुलाने के प्रयत्न किये जाने लगे। बच्चे जूठे आम फेंककर मारते, कोई मनचला कंधे पर हाथ मारकर निकल जाता, एक औरत ने उसका एकमात्र शॉल नज़र बचाकर उठा लिया और नाले में डाल दिया, जिस घर के सामने देहरी पर बैठ जाती, गालियाँ सनसनाती उसके कानों के आर-पार हो जातीं। वो बस हँस पड़ती। कई बार पेट पकड़-पकड़ कर हँसती मगर नामुराद की आँखों में कभी हँसी के मारे भी आँसू नहीं आए। उसे रुलाना मोहल्ले के एक-एक व्यक्ति का उद्देश्य बन गया था।

एक दिन एक अजनबी आया और उसके सामने आकर खड़ा हो गया। पगली ठठाकर हँस पड़ी, हँसती गई...बस हँसती गई...। वो भी उसके सामने चुप्प खड़ा रहा, बस खड़ा रहा। पगली हँसी के मारे दोहरी हो गई। पहर बीतने को आए। मोहल्ले के लोग तमाशा देखने इकट्ठे हो गए। ऐसा लगने लगा कि आज पगली हँस-हँस कर ही प्राण त्याग देगी। तभी यकायक अजनबी ने आगे बढ़कर पगली को सीने से लगा लिया। पगली हँसती हुई उससे छूटने की कोशिश करने लगी। इस कोशिश में उसकी अजीब-अजीब भंगिमाएँ देख मोहल्ला हँसी के मारे लोट-पोट होने लगा लेकिन वो अजनबी उसे कसकर सीने से लगाए रहा। जब पगली थोड़ी बेदम हो उठी तब अजनबी ने उसका चेहरा अपनी हथेलियों में भरकर प्यार से ऊपर उठाया और उसके सर पर धीरे-धीरे हाथ फेरने लगा। पगली अब चुपचाप उसके सीने से लगी थी। ख़ामोश थी। एकाएक उसकी आँखों में एक काला बादल उतर आया और कुछ पलों में बरसात शुरू हो गई। ये क्या?

पगली रो रही थी...बिलख-बिलख कर रो रही थी। अजनबी उसे मज़बूती से बाँहों में भरकर खड़ा था। एक के बाद एक तूफ़ान पगली की आँखों से गुज़रकर फ़िज़ाओं में घुलते जा रहे थे। पूरा मोहल्ला सकपकाया हुआ अपनी आँखें पोंछ रहा था। दो पहर और बीते। गहरे अँधेरे में अब केवल दो लोग वहाँ खड़े थे। एक अजनबी और उसकी बाँहों में घिरी रोती हुई एक पगली।

उस दिन रात-भर तूफ़ानी बारिश हुई थी। सुबह होते ही मौसम साफ़ हुआ था और पगली की आँखों ने अजनबी के काँधे पर एक शुक्रिया रखा था।

वो इक तूफ़ान की रात थी, इक बरसात की रात थी, इक आँसुओं की रात थी—वो इक प्रेम की रात थी।

बरसो रे कारे बदरवा...हिया में बरसो

लड़की संगीत विद्यालय में क्लासिकल वोकल के चौथे साल में थी और बहुत मीठा गाती थी। सुर ऐसे पक्के लगते कि उस्ताद ख़ुद मंत्रमुग्ध से सुनते रह जाते। बारीक मुरकियाँ इतनी आसानी से गाती मानो गले में मक्खन का गोला फिसल रहा हो।

एक दिन लड़की रोज़ की तरह क्लास में आई और उस्ताद के बग़ल में तानपूरा पकड़कर बैठे लड़के को देखकर चौंकी। उस्ताद ने परिचय कराया, “ये मेरा भतीजा है, ग्वालियर से आया है। अभी तक वहीं सीखता था, अब यहाँ कंटिन्यू करेगा।”

लड़का और लड़की दोनों उस्ताद से सीखने लगे। लड़का जितना सुरीला गाता था, उतना ही बढ़िया तबला बजाता था। साथ गाते-गाते दोनों अच्छे दोस्त बन गए। घंटों रागों, ठुमरियों, तालों, तरानों पर बातें करते। कठिन राग को जब एक साथ मिलकर साधते तो कैसा दिप-दिप करता दोनों का चेहरा, सुरों के नूर से दमकता। दिन गुज़रते जाते, दोनों के सुर भी पक्के होते जाते और दोस्ती भी।

लेकिन संगीत जितनी अच्छी चीज़ है, उतनी ही बुरी बला भी... ठीक इश्क़ की तरह। जहाँ सुर हैं, वहाँ प्रीत न हो यह असम्भव है। भादों की किसी बरसती शाम को राग मेघ मल्हार के छोटे ख़याल के स्वर लगाते-लगाते आख़िर दोनों के मन प्रेम की बारिश से भीग गए। मियाँ तानसेन मल्हार गाकर पानी बरसाते थे। मल्हार यहाँ भी नहीं चूका। बारिश हुई और बेतरह हुई—

बरसो रे कारे बदरवा...हिया में बरसो...

आख़िरी आलाप लेकर जब दोनों ने ख़त्म किया तब तक दोनों तरबतर हो चुके थे कभी न सूखने के लिए।

दोनों पहले की ही तरह रोज़ मिलते रहे, गाते रहे, नई तानें बनाते रहे मगर मुँह से एक शब्द भी कोई न बोलता था। यह इज़हार किये जाने के पहले का वो सबसे हसीन दौर था जहाँ प्रिय के चेहरे की हल्की सी जुम्बिश भी दिल का राज़ बता दिया करती है। लड़की प्रतीक्षा करती कि लड़का कुछ कहेगा और लड़का...लड़की के पहल करने का इन्तज़ार किया करता।

एक दिन लड़की ने लड़के को एक चिट्ठी लिखी और अपनी डायरी में महफ़ूज़ रख लिया। लड़की रोज़ उस चिट्ठी को पढ़ती मगर देने की हिम्मत न कर पाती। रोज़ ख़त डायरी में रखा रह जाता।

रात दस बजे रेडियो पर 'भूले-बिसरे गीत' लड़की का फ़ेवरिट प्रोग्राम था, जिसे लड़की कभी मिस नहीं करती थी। लड़की देर रात चाय की चुस्कियाँ लेती जाती और रेडियो पर बज रहे पुराने नगमे साथ में गुनगुनाती जाती। उस दिन भी लड़की क्लास से लौटकर रात को बालकनी में बैठकर पुराने गीत सुन रही थी। गर्मियों की ठंडी हवा थी, पूनम की रात और हेमंत और लता गा रहे थे—'याद किया दिल ने कहाँ हो तुम।' लड़की भी लड़के को याद करते-करते साथ में गीत गुनगुना रही थी।

गाना ख़त्म होते ही आर.जे. की मधुर आवाज़ गूँजी—

"अब मैं एक म्यूज़िकल ख़त पेश करती हूँ...जो किसी लड़की ने किसी बहुत ख़ास के लिए लिखा है।" लड़की भी ग़ौर से सुनने लगी।

"मैं तुम्हारे साथ सुरों से बँधी हुई हूँ। न जाने कौन-से प्रहर में कौन-सा कोमल सुर आकर हौले से मेरे तार तुमसे बाँध गया। शायद उस दिन जब तुम भैरव के आलाप के साथ सूरज को जगा रहे थे तभी रिषभ आकर मेरे दुपट्टे के सितारों में उलझ गया होगा या फिर उस दिन जब मैं साँझ की बेला में घंटियाँ टनटनाती, धूल के बादल उड़ाती गायों को यमन की पकड़ समझा रही थी तब शायद निषाद आवारागर्दी करता हुआ तुम्हारे काँधे पर जाकर झूल गया होगा।

"तुमने एक बार कहा था कि आसमान से सुर बरसते हैं...बस उसे सुनने के लिए चेहरे पर नहीं दिल में कान होनी चाहिए।" जिस दिन तुम रात को छत की मुँडेर पर बागेश्री के सुरों को हौले से उड़ा रहे थे तब मेरे दिल में भी कान उग आए थे। और दो आँखें भी जिनसे मैंने पूरी सृष्टि के कोने-कोने से सुरों को बहकर तुम्हारे पास आकर पालथी लगाकर बैठते देखा था। और तुम्हें याद है वो रात जब आख़िरी पहर चाँद ने हमसे सोहनी की फ़रमाइश की थी और बादलों पर ठुड्डी टिकाए चाँद तक हमने एक तराना पहुँचाया था...तब तुम्हारे साथ मीड़ लेते हुए मैंने अपनी आत्मा को तुम्हारी आत्मा में घुलते देखा था। मेरी आँख की कोर से निकले आँसू को गंधार ने सँभाला था और एक सुर भीगकर हवा में गुम हो गया था।

"सुरों की माला हमने एक-दूसरे के गले में पहनाई है। षडज से निषाद तक हमारी साँसें एक लय में गुँथी हुई चल रही हैं। मुझे नहीं जाना है ताजमहल, न ही देखना है इजिप्ट के पिरामिड, मैंने तुम्हारे साथ विश्व के सात आश्चर्यों की यात्रा कर ली है।"

लड़की जितने विस्मय में है, उतनी ही नाराज़ भी। भागकर अपनी डायरी चेक करती है। ख़त वहाँ महफ़ूज़ था। फिर ये किसने उसका ख़त रेडियो से पढ़वा दिया?

आगे आर. जे. कह रही है—

"जिसने हमें ये ख़त भेजा है, उसने ख़त लिखने वाली लड़की को एक सन्देश दिया है—

"इन सुरों ने जिस डोर से तुझे बाँधा है, उसी डोर के एक सिरे से मैं भी बँधा हुआ हूँ। तुझसे उतना ही प्रेम करता हूँ जितना रागों से, सुरों से और संगीत से करता हूँ। तू मेरे जीवन का सबसे सच्चा सुर है, जो कभी ग़लत नहीं लगता। पगली...बहुत मुहब्बत है तुझसे। जन्मदिन बहुत मुबारक मेरी जान..."

लड़की ने घड़ी देखी है। ठीक बारह बजे हैं और उसका जन्मदिन आ गया है। लड़की भावुक हो उठी है और घुटनों के बल फ़र्श पर बैठकर फूट-फूट कर रो पड़ी है। तभी किसी ने दरवाज़े से आवाज़ दी है—

"अन्दर आ जाऊँ?"

लड़का हाथ में रजनीगन्धा और गुलाब के गुच्छे लिये खड़ा है। उसके भोले चेहरे पर सूरजमुखी-सी उजली मुस्कान तैर रही है। लड़की का चेहरा उसे देखकर सुर्ख़ अनार-सा हो गया है।

हेमंत कुमार दुबारा रेडियो पर हैं, लड़की लड़के की बाँहों में है और दोनों साथ में गुनगुना रहे हैं—

ये रात ये चाँदनी फिर कहाँ, सुन जा दिल की दास्ताँ...

मेरा मुझमें कुछ नहीं, जो कुछ है सो तेरा

हर वीक एंड की तरह आज शाम भी दोनों लड़की के घर मिले। ऑनलाइन ऑर्डर करके मँगाया दोनों का फ़ेवरिट खाना, साथ में रेड वाइन और अपने पसन्दीदा वडाली ब्रदर्स की क़व्वालियों के साथ दोनों अपनी शाम को एन्जॉय कर रहे थे।

अचानक रूमानी होकर लड़का लड़की को बाँहों में भरता हुआ कह उठा, "सच्ची यार, मैंने जीवन में तुझसे ज़्यादा प्यार किसी से नहीं किया।"

लड़की भी भावुक होकर लड़के से लिपट गई। किसी को भी यह सुनकर अच्छा लगेगा कि कोई है जो उसे सबसे ज़्यादा चाहता है। थोड़ी देर दोनों एक-दूसरे में खोए-लिपटे हुए बैठे रहे।

लड़का जाने किस मूड में था, बोला, "यू नो, जैसा मैं तुम्हारे साथ होते हुए फ़ील करता हूँ वैसा मैंने अपने पिछले दोनों प्रेमों में नहीं किया। कोई तार बहुत गहराई से तुमसे जाकर जुड़ गया है। शायद इसे ही सच्ची मुहब्बत कहते होंगे।"

"शुक्रिया, मैं भी तुमसे उतनी ही मुहब्बत करती हूँ जान। आई लव यू सो मच।" लड़की उसे चूमते हुए फुसफुसाई।

दोनों एक-दूसरे के पिछले प्रेम-सम्बन्धों के बारे में जानते थे और उन्हें इस बात से कोई परेशानी भी नहीं थी। बेहद समझदारी से एक-दूसरे के अतीत को स्वीकार किया था दोनों ने और बड़ी सहजता से उन सम्बन्धों के बारे में कभी-कभी बात भी कर लेते थे।

"तुमने सबसे ज़्यादा प्यार किसे किया?" लड़का भी वही सुनना चाहता था जो उसने लड़की से कहा।

"प्यार में ज़्यादा-कम क्या होता है? प्यार तो प्यार है।" लड़की ने प्रेम की ख़ुमारी में ही जवाब दिया।

"होता है ना, जैसे मेरे जीवन में दो लड़कियाँ और आईं लेकिन सबसे सघन प्रेम मुझे तुमसे हुआ। ऐसे ही तुम्हें ऐसा गहन प्रेम किससे हुआ?" लड़का बात ख़त्म करने के मूड में नहीं था।

"मैं भी करती तो हूँ तुमसे इतना ही गहरा प्रेम। सब कुछ तुम्हारे लिए ही तो है।"

"हाँ, वो तो मुझे पता है। मुझे पता है कि तुम्हारे भी बाक़ी प्रेमियों को तुम्हारा वैसा प्यार हासिल नहीं हुआ जैसा मेरे हिस्से आया है।" लड़के ने मुस्कराते हुए कहा जिसमें हल्के गर्व का भाव भी था।

लड़का वाइन के घूँट भरता हुआ 'छाप तिलक सब छीनी' के साथ टेबल पर थाप देता हुआ गुनगुना रहा था।

"मैंने अपने सभी प्रेमियों को उतना ही प्यार किया है जितना तुम्हें करती हूँ।" लड़की की आवाज़ सुन लड़का चौंक उठा।

"क्या...?"

"हाँ, मैंने किसी को भी किसी से कम नहीं चाहा। मैं हर एक के साथ आत्मा के सम्पूर्ण समर्पण के साथ रही। जिससे जुड़ी, इतना ही गहरे जुड़ी। मैं कम-ज़्यादा प्रेम करना जानती ही नहीं। आज पुराने प्रेमों से बाहर निकल चुकी हूँ और सिर्फ़ तुम्हें अपने सर्वस्व से चाहती हूँ।" लड़की संजीदा होकर कह रही थी।

"तो जब तुम्हारा ब्रेकअप हुआ तो तुम्हें उतना ही दुख हुआ, जितना मान लो कभी मुझसे दूर जाना पड़ा तो तुम्हें होगा?"

"हाँ, मैंने हर प्रेम में प्रेमी के साथ सारी ज़िन्दगी बितानी चाही। मैं ख़ुद किसी सम्बन्ध से बाहर नहीं निकली। ब्रेकअप मेरी तरफ़ से कभी नहीं हुए। उन्होंने अलग होना चुना और हर बार गहरी तकलीफ़ से गुज़री।" लड़की बेहद ईमानदारी से उत्तर दे रही थी। वह जानती थी कि उन दोनों के बीच गोपन कुछ भी नहीं। वह निःशंक और निर्भय थी।

लेकिन लड़का जाने क्यों यह बर्दाश्त नहीं कर पा रहा था कि उसके अलावा भी, भले ही अतीत में सही मगर कोई और था जिसे लड़की ठीक ऐसे ही चाहती थी जैसे उसे आज चाहती है।

"मान लो, अगर मेरे बाद कोई और आया तो उसे भी तुम ऐसे ही चाहोगी?" लड़का धड़कते दिल से पूछ रहा था।

लड़की लड़के के मन में हो रही हलचल से नावाक़िफ़ थी। हँसकर बोली कि "हाँ, चाहूँगी तो ऐसे ही लेकिन ऐसा मौक़ा कभी नहीं आएगा क्योंकि हम दोनों एक-दूसरे के साथ ज़िन्दगी बिताना चाहते हैं और मैं सारा जीवन तुम्हें प्रेम करते हुए गुज़ारना चाहती हूँ। मैं सिर्फ़ तुम्हें प्यार करती हूँ।"

लड़का निराश हो गया यह सुनकर। उसे यह नहीं सुनना था। उसे सिर्फ़ यह सुनना था कि लड़की उसके जैसा प्रेम अब किसी को नहीं कर सकती।

लड़की को एहसास हुआ कि लड़का कुछ परेशान हो गया है और थोड़ा विचलित भी। वह बात बदलने की कोशिश करते हुए लड़के का हाथ पकड़ते हुए बोली, "चलो, किचिन में कुछ सलाद बनाते हैं।"

लेकिन लड़का यूँ ही खिन्न सोफ़े पर बैठा रहा। वह एकाधिकार चाहता है अपने प्रेम पर जो उसे हासिल भी है। फिर वह सबसे ख़ास होना चाहता है और वह भी उसे हासिल है लेकिन वह इतने पर भी

संतुष्ट नहीं। उसे अतीत या भविष्य में भी कोई ऐसा प्रेमी नहीं चाहिए जिसका क़द उसके बराबर हो।

उधर लड़की नहीं जानती कि जब किसी से प्रेम होता है तो कैसे अपने सर्वस्व का कोई अंश बचाकर प्रेम दिया जाए। प्रेम में एक कम और एक ज़्यादा हमेशा होता है लेकिन वह कम भी अपनी तरफ़ से पूरा होगा तभी रिश्ता चल सकेगा। पूरा दिए बिना कैसा प्रेम?

दस मिनट की ख़ामोशी के बाद लड़की ने ही मौन तोड़ा—

"क्या तुम्हें ऐसा नहीं लगता कि मुझे ज़्यादा चाहकर तुमने अपनी पूर्व प्रेमिकाओं के साथ अन्याय किया है? कहा तो तुमने उन्हें भी यही होगा ना कि तुम उनसे बेहद प्रेम करते हो? आज अगर वे सामने हों तो क्या उनसे यह कह सकोगे कि तुमने उन्हें पूरे मन से प्रेम नहीं किया था?"

लड़का चौंक गया। इस प्रश्न की उसे उम्मीद नहीं थी और न इस तरह से उसने कभी सोचा था।

लड़की ने आगे कहा, "बस यही अन्तर है तुममें और मुझमें। अपने पूर्व प्रेमियों से नज़र मिलाकर मैं कह सकती हूँ कि मैंने उन्हें पूरे मन से चाहा। लेकिन तुम्हारी नज़र डगमगा जाएगी यह कहते हुए। रिश्ते में बेहद प्यार करना बुरा नहीं है बल्कि उससे कम प्यार करना बुरा है जितना हम किसी से भी कर सकते हैं। तुम्हारा प्रेम बेहद नहीं था बल्कि उसकी हद थी जो बाद के किसी प्रेम में टूटी। मैं यह नहीं कहती कि उससे तुम कोई ख़राब व्यक्ति बन जाओगे। सम्भव है कि तुम्हें वाकई उनसे वो जुड़ाव न हुआ हो जो तुम्हें मुझसे हुआ है लेकिन अगर मुझे वही जुड़ाव सभी से महसूस हुआ तो इससे मैं भी एक प्रेमिका के तौर पर कमतर नहीं हो जाती और तुम्हें इससे असुरक्षित महसूस करने की ज़रूरत बिलकुल नहीं है क्योंकि मैं पूरी तुम्हारी हूँ, पूरी से एक रत्ती भी कम नहीं। ईश्वर न करे मगर अगर आगे चलकर हमें किसी भी वजह से अलग होना पड़ा तो तुम्हें मेरे प्रेम पर एक पल के लिए भी शंका

नहीं होगी बल्कि इस बात का सुकून जीवन भर होगा कि किसी ने तुम्हें अपनी सम्पूर्ण आत्मा से प्रेम किया था।"

लड़का सन्न बैठा था। अचानक वह उठा और लड़की की गोद में सर रखकर बिलख पड़ा।

"आय एम सॉरी जान..."

लड़की स्नेह से उसके सर पर हाथ फिराती रही। लैंप की मद्धम रोशनी में वडाली ब्रदर्स अब भी सूफ़ी कलाम गा रहे थे। लड़का आज मुहब्बत की सूफ़ियाना तबीयत को महसूस कर रहा था।

ये उनका अब तक का सबसे सुन्दर वीक एंड था।

जहाँ कुछ लोग दीवाने बने हैं
बड़े दिलचस्प अफ़साने बने हैं

साल 2020 का जेठ का महीना था। कोरोना ने पूरी दुनिया के जनजीवन को अस्त-व्यस्त कर दिया था। लगातार तीन लॉक डाउन के बाद छोटे व्यवसायियों और मज़दूरों का जीना कठिन दिखाई देने लगा था। अपने घरों से निकलकर दूर प्रदेशों में काम करने गए मज़दूरों का काम बन्द हो गया था और सरकार के लाख आश्वासनों के बाद भी वे परदेस में भूखों मरने की आशंका से भयभीत होकर अपने घरों की ओर वापसी करने लगे थे। सारे देश के मज़दूर कड़े लॉक डाउन के बीच तपती हुई सड़कों पर थे और जिनको जो साधन मिल रहा था, उसी से हज़ारों किमी दूर अपने गाँवों की ओर चले जा रहे थे।

एक लड़का बिलासपुर के एक गाँव से मज़दूरी करने भोपाल आया था और एक ठेकेदार के लिए एक बिल्डिंग में काम कर रहा था। पिछले दो महीनों से काम बन्द हो जाने से राशन और घर की अन्य ज़रूरतों के लिए सरकारी मदद और एनजीओ की मेहरबानी पर निर्भर था। लड़की गाँव में ही थी। वह लड़के का मोबाइल रीचार्ज करा देती और रोज़ उससे उसका हालचाल पूछती। यही एक सहारा था 1200 किमी. दूर

बैठे प्रेमी से जुड़े रहने का। वीडियो कॉल में रोज़ उसकी गिरती सेहत देखकर लड़की चिन्ता में पड़ जाती। लड़के के खाने की थाली देखकर उसकी आँखों में आँसू आ जाते। लड़की बार-बार उसे लौट आने को कह रही थी लेकिन लड़के को उम्मीद थी कि कुछ दिनों में जैसे ही लॉक डाउन ख़त्म होगा तब काम वापस मिल जाएगा। गाँव में भी तो कोई काम नहीं है करने को, क्या करेगा वहाँ आकर? लेकिन लड़की उससे बार-बार कहती कि जो भी है गाँव में, दोनों मिलकर काम चला लेंगे, कम-से-कम साथ तो रहेंगे। लड़का हर बार उसकी बात टाल दिया करता लेकिन वह देख रहा था कि उसके साथ के बाक़ी मज़दूर अपने परिवार सहित वापसी करने लगे थे। उसकी बिल्डिंग के आसपास अब गिने-चुने दस-बीस मज़दूर बचे थे। उस पर सितम यह कि ठेकेदार ने बिल्डिंग की बिजली का कनेक्शन काट दिया था। बिजली जाते ही लाइट पंखे तो बन्द हुए ही, साथ ही पानी की मोटर का कनेक्शन भी बन्द हो गया तो पानी की क़िल्लत भी हो गई। लड़के सहित बाक़ी मज़दूरों ने भी गुहार लगाई लेकिन ठेकेदार न पसीजा। इधर गर्मी से लड़के की तबीयत ख़राब होने लगी थी। दो दिन से उल्टी-दस्त हो रहे थे।

उस दिन लड़की से बात करते हुए लड़का पहली बार रुआँसा हो गया। लड़की ने जब लड़के की आँखों में आँसू देखे तो तड़प उठी।

"तुझसे बार-बार कह रही हूँ कि लौट आ, तुझे समझ ही नहीं आ रहा। यहाँ थोड़ी-बहुत जो खेती है, उससे दोनों के परिवारों का काम आराम से चल जाएगा। देख ख़ुद को, कितना कमज़ोर हो गया है तू। आँखें कैसी धँस गई हैं। वहीं मरना है क्या? मैं कुछ नहीं जानती, अगर तू वापस नहीं आता तो मेरा मरा मुँह देखेगा। तू बाद में मरेगा, मेरी ख़बर पहले तुझ तक पहुँचेगी।"

लड़की कहते-कहते फफककर रो पड़ी थी।

"रो मत पगली, आ रहा हूँ। हम आठ मज़दूर कल सुबह ही यहाँ से निकल जाएँगे।"

"पर पहले तबीयत तो ठीक कर ले, ऐसे में कैसे निकलेगा? क्या साधन मिलेगा आने के लिए?" लड़की चिन्तित हो गई।

"यहाँ रहा तो ज़िन्दा नहीं बचूँगा आने के लिए। बग़ल में रहने वाले एक परिवार ने दवा दे दी है और रास्ते में खाने के लिए कुछ पैसे भी। अब कल सुबह निकल रहे हैं। भगवान ने चाहा तो कुछ दिनों में पहुँच ही जाऊँगा तेरे पास।" लड़के की आवाज़ में कमज़ोरी के कारण हाँफ उतर आई थी।

फ़ोन की स्क्रीन के दोनों ओर दो हताश चेहरे थे। कंठ रुँधे थे, आँखें भीगी थीं और मन में उठ रही थी हूक एक-दूसरे के साथ होने की।

अगली सुबह लड़का अपने सात मज़दूर साथियों के साथ भोपाल से पैदल छत्तीसगढ़ के लिए निकल पड़ा था। इतनी दूर कैसे जाएँगे? रास्ते में कोई दिक़्क़त तो नहीं आएगी? पहुँच भी पाएँगे या रास्ते में ही जान चली जाएगी? जैसे डरावने सवालों से ज़्यादा आश्वस्ति इस बात की थी कि सारे देश का मज़दूर अपने घर जा रहा है तो हम भी पहुँच ही जाएँगे। साथ में बाँध लिये थे चावल जो रास्ते में कहीं भी पकाकर खा लेंगे।

सुबह पाँच बजे चले थे तो घर पहुँचने का उत्साह था। दस बजते-बजते सूर्य देवता निष्ठुर हो चले थे और पहले से बीमार लड़के की हालत ख़राब होने लगी थी। दस क़दम चलता और फिर हाँफ जाता। साथ के मज़दूरों ने कोशिश करके एक ट्रैक्टर से मदद माँगी जो पिपरिया तक जा रहा था। उसमें मात्र तीन लोगों की जगह थी। सौ-सौ रुपये में लड़का और दो अपेक्षाकृत उम्रदराज मज़दूर उसमें बैठ गए।

पिपरिया में तीनों उतरे और एक पेड़ के नीचे बैठकर घर से पकाकर रखे हुए चावल खाए। यहाँ लड़की ने लड़के को वीडियो कॉल किया और उसका धूप और कमज़ोरी से उतरा चेहरा देखकर फिर चिन्ता में पड़ गई।

"कैसे आएगा रे तू इतनी दूर? और कोई साधन ढूँढ़, पैदल मत चल।"

"तू वहाँ मज़े से गाँव में बैठी है और मुझे उपदेश दे रही है। बसें चलवा रखी हैं ना तूने जो आ जाऊँगा बैठकर। पैदल नहीं चलूँगा तो क्या करूँगा? बाहर निकलकर देख, दुनिया कितनी कठोर है। कुल चार सौ रुपये हैं मेरे पास और पहले ही दिन सौ रुपये ख़र्च हो गए।"

बीमार और थके हुए लड़के के स्वर में गहरी झुँझलाहट उतर आई थी।

लड़की चुप हो गई। लड़का सही तो कहता है। सारी परेशानी वही झेल रहा है।

लड़के और उसके साथियों ने शाम पाँच बजे उठकर दोबारा चलना शुरू किया। रात नौ बजे तक बीस किलोमीटर की ही दूरी तय कर पाए। लगातार चलने के कारण पैर भर आए थे और अब चलने की रफ़्तार काफ़ी कम हो गई थी। लड़के की रफ़्तार बाक़ी दोनों से भी कम थी। कल से रात-भर चलेंगे और सुबह दस से शाम छह बजे तक आराम करेंगे, ऐसा तीनों ने तय किया।

लड़के ने लड़की को बताया तो लड़की ने भी सहमति व्यक्त की। ऐसी लू में दिन में चलना असम्भव है।

अगले दिन दिन-भर आराम किया तीनों ने और शाम से चलना शुरू किया। दिन-भर आराम करने से थकान उतर गई थी और शाम की ठंडक में चलना भी आसान लग रहा था। लेकिन ये कोई मैराथन धावक नहीं थे जो पैरों की पेशियाँ चलने की अभ्यस्त होतीं। अगली सुबह पैरों में दर्द था और तलवों में छाले। रात-भर में 40 किमी. की दूरी तय की थी तीनों ने। अगली सुबह लड़का पस्त था। सारा बदन टूट रहा था, बुख़ार भी चढ़ आया था।

अगले दिन से तीनों ने इसी तरह रात में चलना शुरू किया। रात में चलने की अपनी कठिनाइयाँ रहतीं। अँधेरे के साथ जानवरों का ख़तरा, गाँठ में कुछ न होने के बाद भी चोर-लुटेरों का डर बना रहता। यही कुछ रुपये हैं, ये भी चले गए तो क्या करेंगे? लगातार कोशिश रहती कि कहीं कोई साधन मिल जाए। कभी कोई ट्रैक्टर, कभी कोई रिक्शा

तो कभी कोई ट्रक वाला कुछ दूर के लिए बैठा लेता। दया भाव से अब तक किसी ने न बैठाया था, सभी ने मनचाहे पैसे लिये थे। समय ख़राब आया तो लोगों ने इसे अवसर में बदल दिया। बाहर से दिखाई देने वाली संवेदना को कुचलकर अन्दर का असली स्वार्थी और क्रूर रूप सामने आ गया। तीनों ने तय किया था कि अकेला कोई किसी साधन पर नहीं बैठेगा, रहेंगे सब साथ में ही।

लड़की लड़के से रोज़ कई बार बात करती। मोबाइल अब भी ऐसी चीज़ थी जो सस्ती थी और लड़की के जमा पैसों से रोज़ बात हो पा रही थी। दो दिन बीत गए थे और लड़का अलग-अलग साधनों से, कभी पैसे से कभी किसी की दया पर सफ़र करता हुआ जबलपुर तक पहुँच गया था।

अभी भी 350 किमी. का सफ़र बाक़ी था। लड़के की हालत बहुत ख़राब हो चली थी। बुख़ार नहीं उतरता था। कहीं कोरोना तो नहीं हो गया? लेकिन कौन टेस्ट कराए? कहीं अस्पताल में ही पन्द्रह दिन न रहना पड़े। बाक़ी लोगों की सुनी-सुनाई बातों से ख़ुद ही जाँच लिया था कि ख़ुशबू और स्वाद अभी नहीं गए हैं। शायद पहले से ख़राब तबीयत की वजह से ही आया होगा बुख़ार। फिर भी एहतियात के तौर पर सारा दिन मुँह पर कपड़ा बाँधे रहता। कहीं साथ चल रहे दोनों साथियों पर मुसीबत न आ जाए। मुँह पर बँधे कपड़े से साँस लेने में दिक़्क़त आती, चलना और मुश्किल हो जाता।

रोज़ लड़की फ़ोन करती और लाइव लोकेशन देने को कहती। क्या जाने कब ज़रूरत पड़ जाए और मदद के लिए किसी को कहना पड़े।

अगला दिन बेहतर था। तीनों को जबलपुर से चालीस किमी. पैदल चलने के बाद डिंडौरी तक के लिए रात में एक टेम्पो में जगह मिल गई थी। सौ रुपये में सौ किमी. की दूरी तय हो जाएगी। लेकिन चिन्ता यह थी कि डिंडौरी जाकर सिर्फ़ सौ रुपये बचेंगे। अब तक चार सौ ख़र्च हो गए। दवाइयों में लड़के के सबसे ज़्यादा पैसे ख़र्च हुए।

डिंडौरी पहुँचकर तीनों ने नर्मदा किनारे अपना डेरा जमाया। अगली सुबह लड़की ने वीडियो कॉल किया और फिर से लाइव लोकेशन भेजने की ज़िद करने लगी। लड़का अब बुरी तरह चिढ़ गया था।

"क्या घड़ी-घड़ी तू लाइव लोकेशन लेती रहती है? हैं मेरे साथ मेरे दोस्त। कोई दिक़्क़त होगी तो यही अस्पताल ले जाएँगे, तू लोकेशन ही लेती रहना। नई-नई चीज़ें सीख रही है वाट्सएप पर, लेकिन ये कोई काम नहीं आएँगी तेरे।"

"ठीक है। सॉरी! आज के बाद नहीं माँगूँगी तेरी लोकेशन। तू ग़ुस्सा मत कर।" लड़की लड़के की मनो:स्थिति समझ रही थी।

आधे घंटे बात करते रहे दोनों और अचानक लड़का बोला, "सामने साइकिल पर एक लड़की आ रही है। पता है, एक पल को मुझे लगा कि तू ही सामने से साइकिल पर चली आ रही है।"

"अरे पागल...ये सचमुच तू ही तो है।" साइकिल जैसे ही और क़रीब आई, लड़का चिल्ला उठा।

लड़की ही तो थी साइकिल पर। नीली धूल भरी साइकिल पर पीले रंग का सलवार-कुर्ता पहने, पैरों में पीटी वाले जूते और सर पर बाँधा हुआ दुपट्टा। धूप से बुरी तरह सँवलाई रंगत और चेहरे पर पाँच सौ वाट के बल्ब जैसी उजली हँसी। कानों में हेड फ़ोन और कुर्ते की जेब में मोबाइल।

"अब बोल, क्या लाइव लोकेशन यूँ ही माँग रही थी मैं?" लड़की ने साइकिल स्टैंड पर लगाई और भागकर लड़के के सीने से लग गई।

"पागल...तू इतनी दूर से साइकिल पर चली आ रही है और मैं हूँ कि तुझ पर बस ग़ुस्सा ही किए जा रहा।" कहते-कहते लड़के का गला भर्रा गया।

"कुछ मत बोल...बस पानी पिला पहले। तू तो जानता है ना कि साइकिल चलाना मेरा शौक़ है। ख़राब तबीयत में कैसे तुझे इस तरह आने देती।" लड़की वैसे ही लड़के के सीने से लगी हुई थी।

"तू कैसे आई? कब चली गाँव से? कहाँ-कहाँ रुकी रात को? तुझे भी तो कितनी परेशानी हुई होगी।" लड़के की ज़ुबान पर अनगिनत सवाल थे।

"बस तुझे लेने आई हूँ। कोई ख़ास मुसीबत नहीं हुई। रास्ते के क़िस्से रास्ते में बताऊँगी। देख तो, कैसा झटक गया है तू। कहाँ गए तेरे वो गदबदे गाल जिन्हें खींचती थी मैं?" लड़के को देखती हुई लड़की भी रुआँसी हो उठी थी।

लड़के के दोनों साथी भी लड़की को ढाई सौ किमी. दूर साइकिल चलाकर आया देख हैरत से भर गए थे।

"बहुत प्यार करती है रे तुझसे। हमेशा प्यार करना इससे। कौन करता है इतना!"

रेवा किनारे दिन-भर लड़का लड़की के सूजे हुए पैर दबाता रहा। लड़की लड़के के माथे पर नदी के ठंडे जल की पट्टियाँ रखती रही।

शाम को चार बजे लड़की ने लड़के को पीछे कैरियर पर बैठाया और अपने दोनों दोस्तों से विदा लेकर दोनों चल पड़े।

"तू चला रही है और मैं बैठा हूँ, मुझे अच्छा नहीं लग रहा।" लड़के की आवाज़ में लज्जा भाव था।

"जब तू रोटी बनाता है और मैं चूल्हे के सामने बैठकर गरम-गरम खाती हूँ, तब मुझे तो बुरा नहीं लगता।" लड़की खिलखिला उठी थी।

लड़की की कमर के गिर्द लड़के की बाँहों का मुलायम घेरा था और जेठ की गरम हवाओं में गूँज रही थी एक नीली साइकिल की प्यार भरी ट्रिन-ट्रिन।

आ ऐ मिरे महबूब सताने के लिए आ

सन् 2020 के अक्टूबर की पन्द्रह तारीख़ थी। बारिश का मौसम बीत चुका था और शरद अपनी खुनकी के साथ आमद दे चुका था। कोरोना से लड़ते हुए दुनिया को दस महीने बीत गए थे। इस न्यू नॉर्मल के साथ लोगों का जीवन पटरी पर आ रहा था। नई व्यवस्था के साथ जीने के आदी होने लगे थे सभी।

सुबह के नौ बजकर बीस मिनट हुए हैं। लड़का फ़ॉर्मल शर्ट और पाजामा पहनकर लैपटॉप के सामने बैठा है और दसवीं के विद्यार्थियों को ऑनलाइन फ़िजिक्स पढ़ा रहा है। एक स्टूडेंट अपनी प्रॉब्लम शेयर कर रही है। लड़का कानों में लगे ईयरफ़ोन से ध्यानपूर्वक उसे सुन रहा है।

क्लास में गहरी शान्ति है।

अचानक शान्ति भंग करता एक तूफ़ान कमरे में दाख़लि हुआ। भड़ाक की आवाज़ के साथ दरवाज़ा खुला। एक चुलबुली लड़की ने मटकते हुए कमरे में प्रवेश किया और लड़के के पास आकर यह कहते हुए लड़के के गाल चूम लिये।

"ऐ मेरे लड्डू, हम खा जाएँ क्या तुमको?"

लड़का अचानक हुई इस चुम्मी की बारिश से बुरी तरह अचकचा गया। क्लास की शान्ति में खुसफुस और दबी हुई हँसी की आवाज़ें भर गईं। लड़के ने तुरन्त ऑडियो-वीडियो ऑफ़ किया।

लड़की ने जब सारा नज़ारा देखा तो बुरी तरह शर्मिंदा हो गई।

"सॉरी यार, पर तुम्हारी क्लास तो दस बजे से थी ना?" लड़की घड़ी देखते हुए बोली।

"प्रीपोन हो गई थी बे, कुछ तो ध्यान रखा कर! निकलवा दिया मेरा जुलूस। और ये साला लड्डू क्या है?"

लड़का भिनक रहा है। भिनकने की बात तो है ही। क्यों न भिनके?

"आज का तुम्हारा नाम है लड्डू।" लड़की की आँखें फिर चमक गईं और रोकते हुए भी हँसी की बौछार से कमरा भीग उठा।

"रुको बेटा, किसी दिन तुम्हारी भी ऐसे ही लंका लगवाता हूँ मैं।"

लड़का ऑफ़ हुई स्क्रीन के पीछे हो रहे तमाशे को इमैजिन कर रहा था।

"अब क्या होगा तुम्हारा?" लड़की ने कन्सर्न ज़ाहिर किया। "मज़ाक़ उड़ाएँगे न स्टूडेंट्स कि सर की गर्लफ्रेंड कैसी पागल है!"

"बताओ, इसको अपनी पड़ी है। तुझे कौन जानता है? मेरी नहीं सोच रही तू कुत्ती।"

लड़के ने अपना सर पीटा।

"सॉरी यार, सच्ची। मुझे पता होता कि तेरी क्लास नौ बजे से है तो ध्यान रखती।" लड़की ने कान पकड़े।

"चल जाने दे, जो हुआ सो हुआ।"

दस मिनट बाद दोनों चाय पी रहे हैं और लड़के के एक वाट्सएप ग्रुप पर एक नोटिफ़िकेशन आया है। एडमिन ने 'मलिक सर की क्लास' ग्रुप का नाम बदलकर 'वी लव लड्डू सर' कर दिया है।

"ले, ख़ुश हो जा। अब सारी ज़िन्दगी लड्डू सर के नाम से जाना जाऊँगा। स्टूडेंट्स ने ग्रुप का नाम बदल दिया है।" लड़के ने लड़की को मोबाइल दिखाते हुए चिढ़कर कहा।

"तुम कहो तो कल नाम बदल दूँ तुम्हारा?" लड़की की शरारत कम होने का नाम नहीं ले रही है।

"कोई बात नहीं मेरी बर्फ़ी। कोरोना काल की तमाम ख़राब यादों के बीच यह लड्डू नाम याद दिलाएगा इस वक़्त की, जब मेरी झल्ली प्रेमिका ने मुझे आकर चूम लिया था।"

लड्डू ने बर्फ़ी के होंठों पर अपनी सारी मिठास उड़ेल दी है और 'लड्डू सर' का ग्रुप स्टूडेंट्स के धड़कते हुए हार्ट्स से भर गया है।

ओ हंसिनी...कहाँ उड़ चली

—मजरूह सुल्तानपुरी

छत पे आ जाते थे कपड़ों का बहाना कर के
क्या मोहब्बत के थे जज़्बात ज़रा याद करो

—सैयद आरिफ़ अली

इतने दिन एहसान किया दीवानों पर
जितने दिन लोगों ने साथ निभाया है

—साहिर लुधियानवी

आपके बाद हर घड़ी हमने
आपके साथ ही गुज़ारी है

—गुलज़ार

वही लड़की वही लड़का पुराना
कहीं होता है ये क़िस्सा पुराना

—ज़ाहिद फ़ारानी

अलमारी से ख़त उसके पुराने निकल आए
फिर से मिरे चेहरे पे ये दाने निकल आए

—मुनव्वर राना

इस महावन में फिर भी
एक गौरैया की जगह ख़ाली है

—ज्ञानेन्द्रपति

मोहब्बत ना-मुकम्मल रह गई थी
पुराने ख़त जलाए जा रहे थे

—तौसीफ ताबिश

इश्क़ इक 'मीर' भारी पत्थर है
कब ये तुझ ना-तवाँ से उठता है

—मीर तक़ी मीर

ख़ामोशी ख़ुद अपनी सदा हो ये भी तो हो सकता है
सन्नाटा ही गूँज रहा हो ये भी तो हो सकता है

—ज़का सिद्दीक़ी

गिरता है गुलमोहर, ख़्वाबों में रात भर
ऐसे ख़्वाबों से बाहर निकलना ज़रूरी है क्या?

—राज शेखर

फिर उसी बेवफ़ा पे मरते हैं
फिर वही ज़िन्दगी हमारी है

—मिर्ज़ा ग़ालिब

तुम मुझे भूल भी जाओ तो ये हक़ है तुमको
मेरी बात और है, मैंने तो मुहब्बत की है

—साहिर लुधियानवी

वक़्त ने किया क्या हसीं सितम
तुम रहे न तुम, हम रहे न हम

—कैफ़ी आज़मी

तेरी बेरुख़ी और तेरी मेहरबानी
यही मौत है और यही ज़िन्दगानी

—कुँवर मोहिन्दर सिंह बेदी

बेदाद-ए-इश्क़ से नहीं डरता मगर 'असद'
जिस दिल पे नाज़ था मुझे वो दिल नहीं रहा

—मिर्ज़ा ग़ालिब

सच तो ये है फूल का दिल भी छलनी है
हँसता चेहरा एक बहाना लगता है

—कैफ़ भोपाली

इक घड़ी और ठहर के जां बाक़ी है
तेरे लब पे मेरे होने का निशाँ बाक़ी है

—निरंजन आयंगर

मैं फ़िज़ाओं में बिखर जाऊँगा ख़ुशबू बनकर
रंग होगा न बदन होगा न चेहरा होगा

—साहिर होशियारपुरी

दास्ताँ ख़त्म होने वाली है
तुम मिरी आख़री मोहब्बत हो

—जौन एलिया

तुम आके लौट गए फिर भी हो यहीं मौजूद
तुम्हारे जिस्म की ख़ुशबू मिरे मकान में है

—अब्बास दाना

बस एक लम्हा-ए-बेनाम के गिरफ़्त में हैं
ना जाने कैसा ताल्लुक़ है ये तुम्हारा मिरा

—सलीम कौसर

वो जिसकी दीद में लाखों मसर्रतें पिन्हाँ
वो हुस्न जिसकी तमन्ना में जन्नतें पिन्हाँ

—फ़ैज़ अहमद फ़ैज़

मैं भूल जाऊँ तुम्हें अब यही मुनासिब है
मगर भुलाना भी चाहूँ तो किस तरह भूलूँ

—जावेद अख़्तर

इश्क़ पर ज़ोर नहीं है ये वो आतिश 'ग़ालिब'
कि लगाए न लगे और बुझाए न बने

—मिर्ज़ा ग़ालिब

ये किसकी याद की बारिश में भीगता है बदन
ये कैसा फूल सर-ए-शाख़-ए-जाँ खिला हुआ है

—हुमैरा राहत

एक बोसा होंठ पर फैला, तबस्सुम बन गया
जो हरारत थी मिरी उसके बदन में आ गई

—काविश बद्री

अव्वल अव्वल की दोस्ती है अभी
इक ग़ज़ल है कि हो रही है अभी

—अहमद फ़राज़

ज़िन्दगी नाम है कुछ लम्हों का
और उनमें भी वही इक लम्हा

—कैफ़ी आज़मी

इश्क़ ने अक़्ल को दीवाना बना रक्खा है
ज़ुल्फ़े अंजाम की उलझन में फँसा रक्खा है

—हफ़ीज़ जालंधरी

बादलों की चादर सी ओढ़ ली दरख़्तों ने
कुछ घड़ी को आ जाओ शायरी का मौसम है

—तरन्नुम रियाज़

यार आकर गले लगा ले ना
मेरी कल शब से साँस भारी है

—शम्पा अंदलीब

ख़ुसरो बाजी प्रेम की मैं खेलूँ पी के संग
जीत गई तो पिया मोरे, हारी पी के संग

—अमीर ख़ुसरो

क्या क्या हुआ है हमसे जुनूँ में न पूछिए
उलझे कभी ज़मीं से कभी आसमाँ से हम

—असरार-उल-हक़ मजाज़

अभी अधूरे हैं गीत मेरे अभी अधूरी सी दास्ताँ है
न चाँद निकला न तारे दमके न मुस्कुराती वो कहकशाँ है

—दत्ता सागर

क्या कहूँ तुमसे मैं कि क्या है इश्क़
जान का रोग है बला है इश्क़

—मीर तक़ी मीर

बस इक ख़ता की मुसलसल सज़ा अभी तक है
मिरे ख़िलाफ़ मिरा आईना अभी तक है

—रईस सिद्दीक़ी

जिस्म दो हो के भी दिल एक हों अपने ऐसे
मेरा आँसू तेरी पलकों से उठाया जाए

—गोपालदास नीरज

सच सच अपना क़िस्सा लिख
जैसा है तू वैसा लिख

—जोहर राना

दिल का घर सुनसान पड़ा है
दुख की धूम मचा के देखो

—मुनीर नियाज़ी

लड़कियों के दुख अजब होते हैं सुख उससे अजीब
हँस रही हैं और काजल भीगता है साथ साथ

—परवीन शाकिर

क़तरा क़तरा लम्स का जादू
आँख ने गोया शहद चखा है

—नीलमा नाहीद दुर्रानी

'जानाँ' इक तस्वीर न हो तो
कमरा सूना रह जाता है

—जानाँ मलिक

वो तो शायद दोनों का दुख इक जैसा था वर्ना
हम भी पत्थर मारते तुझको और दीवानी कहते

—आनिस मुईन

बरसो रे कारे बदरवा...हिया में बरसो

—पंडित इन्द्र

मेरा मुझमें कुछ नहीं, जो कुछ है सो तेरा
तेरा तुझकौं सौंपता, क्या लागै है मेरा

—कबीर

जहाँ कुछ लोग दीवाने बने हैं,
बड़े दिलचस्प अफ़साने बने हैं

—यज़दानी जालंधरी

अब लुत्फ़ इसी में है मज़ा है तो इसी में
आ ऐ मिरे महबूब सताने के लिए आ

—कलीम आजिज़